VEGETARISCH KOCHEN

VEGETARISCH KOCHEN

Original-Rezepte, die sicher gelingen

Herausgegeben von
Veronica Sperling & Christine McFadden

Bechtermünz Verlag

Originaltitel: The Complete Book of Vegetarian Cooking
Originalverlag: Parragon Book Service Ltd., Bristol, Großbritannien

Deutsche Erstausgabe

Koordination und Bearbeitung der deutschsprachigen Ausgabe:
AMS Autoren- und Medienservice, Reute
Übersetzung: AMS / Friederike Tribukait
Satz: AMS / Layoutsatz Kendlinger
Gesamtherstellung: L.E.G.O. S.p.A., Vicenza
Printed in Italy
ISBN 3-86047-707-2

Inhalt

Vegetarische Küche

Viele Menschen ernähren sich aus den unterschiedlichsten Gründen vegetarisch – aus moralischen, gesundheitlichen, wirtschaftlichen – oder einfach, weil ihnen fleischlose Kost besser schmeckt. Was immer die Beweggründe sind, jeder ißt gern gut. Dabei ist die vegetarische Küche ebenso gut, wenn nicht sogar oft besser als herkömmliche Fleisch- und Fischgerichte. Vegetarisches eignet sich für gesellschaftliche Anlässe und einfache Familienessen und kann leicht den Geschmacksbedürfnissen des einzelnen angepaßt werden.

Vegetarische Ernährung

Vegetarisches Essen ist sehr gesund und enthält alle wichtigen Vitamine, Mineralstoffe, Eiweiße, Kohlenhydrate und Fette, die eine nahrhafte und ausgewogene Ernährung kennzeichnen. Da man gleichzeitig eher mehr Obst, Gemüse, Getreide und Hülsenfrüchte zu sich nimmt, bietet die Nahrung auch große Mengen an komplexen Kohlenhydraten, die mit ihrem Energie- und Ballaststoffgehalt wesentlich zu strahlendem Aussehen und Gesundheit beitragen.

Eiweiß

In der vegetarischen Küche stellt Eiweiß gewöhnlich kein Problem dar, da man unter zahlreichen eiweißhaltigen Nahrungsmitteln wählen kann. Eier, Käse, Milch, Nüsse, Bohnen und Sojaprodukte wie pulverisiertes Pflanzeneiweiß, Sojamilch und Tofu (Soja-Quark), aber auch Pilzeiweiß sind ausgezeichnete Eiweißquellen. Man kombiniert möglichst viele dieser Lebensmittel, damit der Körper alle nötigen Eiweiße erhält.

Fett

Eine vegetarische Ernährung hat den zusätzlichen Vorteil, daß sie relativ fettarm ist. Das meiste Fett ist pflanzlicher Herkunft, stammt aus Keim- und Olivenöl, Nüssen, Hülsenfrüchten und anderen Produkten, die diese Fette enthalten, und aus Milchprodukten. Eine vegetarische Ernährung fördert also die Gewichtsabnahme, wenn man darüber hinaus insgesamt den Fettverzehr einschränkt.

Kohlenhydrate

Die vegetarische Küche ist reich an komplexen Kohlenhydraten, wie man sie in Naturreis, Vollkornnudeln, -brot und in Haferfloken findet. Diese Produkte eignen sich besonders für eine Diät, da sie ihre Energie langsam freisetzen und für einen ausgeglichenen Blutzuckerspiegel sorgen.

Vitamine

Obst und Gemüse enthalten eine Vielzahl an Vitaminen, die man für allgemeines Wohlbefinden und einen funktionierenden Körper benötigt. Mit einer vegetarischen Ernährung kann man da fast keinen Fehler machen. Die beste Quelle für Vitamin A sind gelbe Obst- und Gemüsesorten wie Aprikosen, Pfirsiche und Möhren, aber auch Spinat. Außerdem ist es in Butter und Margarine enthalten. Vitamin A beugt Entzündungen vor und sorgt für gesunde Haut und Augen, glänzendes Haar und stärkt die Körpergewebe.

Die verschiedenen Vitamine der B-Gruppe haben bei der Umwandlung von Nahrung in Energie katalytische Wir-

kung. Sie sind für die roten Blutkörperchen und ein gesundes Nervensystem lebensnotwendig. Mit Ausnahme von Vitamin B_{12} sind alle Vtiamine der B-Gruppe in Hefe und Getreide enthalten, vor allem in Weizenmehl und -kleie.
Für Vegetarier, die sich abwechslungsreich ernähren, ist es also nicht schwierig, genügend Vitamin B mit der Nahrung aufzunehmen. Veganer, die außerdem auf Milchprodukte verzichten, sollten aber ihre Nahrung zusätzlich mit Vitamin B_{12} ergänzen.
Jeder weiß, daß Vitamin C vor Infektionen schützt, und viele sind überzeugt, daß dieses Vitamin winterliche Erkältungen oder Grippe abwehrt und heilt. Vitamin-C-reiche Nahrung sollte zusammen mit eisenhaltiger Kost verzehrt werden, da das Eisen so besser vom Körper aufgenommen werden kann. Gute Quellen sind frisches Obst, Blattgemüse, Tomaten, Paprika und Kartoffeln. Schwarztee, Kaffee und koffeinhaltige Limonaden sollten nicht gleichzeitig mit Vitamin-C-reichen Nahrungsmitteln aufgenommen werden, da sie die Aufnahme von Vitamin C einschränken. Beim Kochen geht Vitamin C verloren, deshalb sollte Gemüse nur mit wenig Wasser und so kurz wie möglich gegart werden. Vitamin D ist ein weiteres wichtiges Vitamin, das die Kalziumaufnahme unterstützt und so für gesunde Zähne und kräftige Knochen sorgt. Vitamin D gilt auch als „Sonnenvitamin", da der menschliche Körper es bei Sonnenlicht selbst produziert. Gute Vitamin-D-Quellen sind Eier, Käse, Margarine und Butter.

Mineralstoffe

Mineralstoffe sind ebenfalls lebensnotwendige Nährstoffe, die dem Körper regelmäßig, wenn auch nur in winzigen Mengen, zugeführt werden müssen. Man sollte deshalb wissen, welche Nahrungsmittel Mineralstoffe enthalten und diese in ausreichenden Mengen verzehren. Bei einer abwechslungsreichen Ernährung ist das nicht weiter schwierig.
Milch, Käse, Joghurt und andere Milchprodukte, Blattgemüse, Brot, Nüsse, Samen und Dörrobst enthalten Kalzium. Bohnen, Samen, Nüsse, Eier, Kakao und Schokolade, Vollkorn(weizen)brot, Blattgemüse und getrocknete Früchte wie Aprikosen oder Feigen sind reich an Eisen. Andere wichtige Mineralstoffe sind Magnesium, Phosphor, Kalium und Zink.

Der vegetarische Einkaufskorb

Beim vegetarischen Einkauf sollte man besonders darauf achten, auch „versteckte" tierische Produkte zu vermeiden. Man wählt daher Käse mit pflanzlichem Labferment, Agar-Agar oder Pektin statt Gelatine, Pflanzenfett statt Schmalz, und man sollte auch auf den Brotaufstrich achten. Manche Margarinen eignen sich nicht für die vegetarische Küche, da sie Fischöl und tierische Fette enthalten – nur Sorten aus rein pflanzlichen Ölen sind empfehlenswert. Wenn man kein Veganer ist, ist reine Butter ebenfalls ausgezeichnet.

Vegetarische Vorratshaltung

Ein gutgefüllter Vorratsschrank ist das Herzstück einer guten Küche, und außerdem ist es praktisch, wenn jederzeit ausreichend Grundnahrungsmittel zur Verfügung stehen. Die folgenden Angaben können beim Auffüllen der Küchenvorräte behilflich sein.

Mehl

Man sollte immer verschiedene Mehlsorten vorrätig haben: Weißmehl, Brotmehl, Weizenvollkornmehl, das allein verwendet oder für Gebäck und Kuchen mit Weißmehl gemischt werden kann. Außer Reis- oder Maismehl (Stärkemehl) zum Andicken von Saucen und als Zutat für Kuchen, Kekse und Puddings. Ein kleiner Vorrat von Buchweizen-, Kichererbsen- und Sojamehl eignet sich zur Herstellung von Pfannkuchen oder zur Kombination mit anderen Mehlsorten, um Geschmack oder Textur der Speisen zu verändern.

Getreide

Eine gute Auswahl verschiedener Getreidesorten gehört in jede Küche. Langkornreis, Basmati-Reis, Rundkorn-Vollreis für italienisches Risotto, Milchreis oder Wildreis zu Dekorationszwecken. Thailändischer Duftreis, Jasminreis oder die Kombination verschiedener Reissorten verleiht jeder Speise Farbe und eine interessante Note. Beim Kauf sollte man bedenken, daß Naturreis mehr Vitamin B_1 und Ballaststoffe enthält.

Andere Getreidearten machen die Ernährung abwechslungsreicher, z. B. Gerste (das ganze Korn oder geschrotet), Hirse, Bulgur, Maisgries (für Polenta), Hafer (gequetscht, als Flocken oder geschrotet), Weizengries (z. B. für Couscous), Sago und Tapioka.

Teigwaren

Teigwaren erfreuen sich seit geraumer Zeit zunehmender Beliebtheit und sind in den verschiedensten Sorten erhältlich. Immer vorrätig haben sollte man Lasagneplatten, Bandnudeln und Spaghetti, aber auch Spinat- oder Tomatennudeln bieten ebenso wie zahlreiche Frischnudelsorten eine angenehme Abwechslung. Noch besser ist es, Nudeln selbst herzustellen – hausgemachte Nudeln sind zwar etwas zeitraubend in der Herstellung, aber es gibt Apparate, mit denen man interessante Nudelformen herstellen kann und „Nudelbäume“ zum Trocknen – das macht besonders kleinen Kindern Spaß!

Hülsenfrüchte

Hülsenfrüchte sind eine wertvolle Eiweiß-, Vitamin- und Mineralstoffquelle und deshalb in der vegetarischen Küche unverzichtbar. Kaufen Sie Sojabohnen, grüne Bohnen, rote (Kidney) Bohnen, Garbanzobohnen, verschiedene Linsen, Erbsen und schwarze Bohnen entweder getrocknet, um sie selbst einzuweichen und zu kochen, oder, wenn es einmal schnell gehen muß, in der Dose.

Getrocknete rote und schwarze Bohnen müssen in viel Wasser 15 Minuten bei starker Hitze gekocht werden, um die gefährlichen Giftstoffe in der Samenschale zu zerstören. Das Wasser abgießen, die Bohnen spülen und in frischem Wasser weich kochen. Sojabohnen müssen mindestens eine Stunde gekocht werden, da sie einen Inhaltsstoff haben, der die Aufnahme von Eiweiß verhindert.

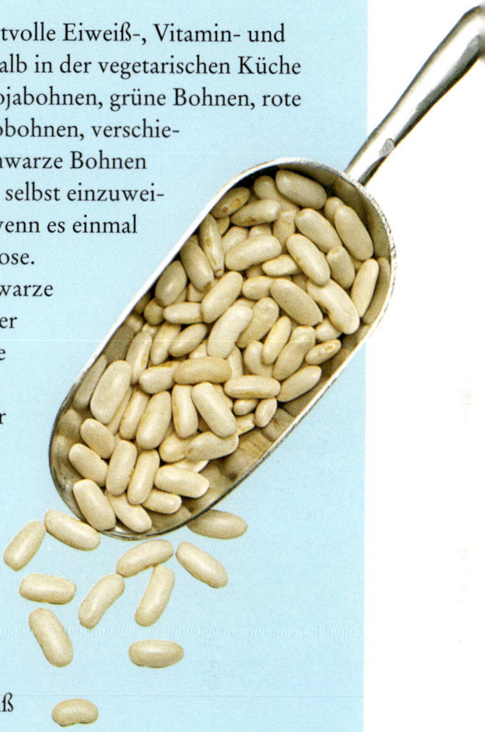

Gewürze und Kräuter

Eine reiche Auswahl an Kräutern und Gewürzen bringt Abwechslung in die Küche und macht Speisen interessant. Mit jedem neuen Rezept sollte man auch ein neues Gewürz ausprobieren. Oft sind gute Gewürzmischungen erhältlich, z. B. Cajun, Chinagewürz, indonesisches Piri-Piri und verschiedene Currymischungen. Man kann die Gewürze im Mörser oder in der Pfeffermühle mahlen, um eigene Würzmischungen herzustellen, oder man experimentiert mit den handelsüblichen Mischungen. Obwohl Gewürze unverderblich sind, sollten sie nicht zu lange aufbewahrt werden, da sie sonst ihr Aroma verlieren. Am besten kauft man kleine Mengen, die rasch aufgebraucht sind.

Man sollte frische Kräuter immer getrockneten vorziehen, wenn auch ein kleiner „Trockenvorrat“ sehr nützlich sein kann.

Thymian, Rosmarin, Lorbeerblätter und „Herbes de Provence" sollten für italienische und französische Rezepte immer vorrätig sein.

Peperoni

Peperoni oder Chillies sind frisch und getrocknet erhältlich und können grün oder gelb, orange und rot oder auch braun sein. Da sie unterschiedlich scharf sind, sollte man sie sparsam verwenden – im allgemeinen sind die kleinsten Peperoni und die Samen am schärfsten. Beim Schneiden sollte man die Augen nicht mit den Fingern berühren, da der Saft von Peperoni starke Augenreizungen auslöst.

Chilipulver sollte ebenfalls sparsam benutzt werden. Reines Chili ist sehr scharf, Chilimischungen sollten etwas milder sein. In der asiatischen Küche wird oft Chilisauce verwendet, die ebenfalls mild bis sehr scharf oder auch süß sein kann.

Nüsse und Samen

Nüsse und Samen sind nicht nur Eiweiß-, Vitamin- und Fettlieferanten, sondern sie verleihen einer vegetarischen Speise auch Aroma und Substanz. Wenn man sie röstet, bis sie leicht gebräunt sind, entfaltet sich ihr Aroma am besten.

Mandeln, Pistazien, Para-, Cashew-, Hasel-, Wal-, Pekan- und Erdnüsse sollten ebenso wie Maronen (getrocknet oder in der Dose) und Pinienkerne immer vorrätig sein. Kokosraspel oder -milch eignen sich auch.

Zu den Samenvorräten gehören Sesam, Mohn, Sonnenblumen- und Kürbiskerne. Gerade letztere sind ein ausgezeichneter Zinklieferant.

Trockenfrüchte

Getrocknete Rosinen, Korinthen, Sultaninen, Datteln, Apfelringe, Aprikosen, Feigen, Birnen, Pfirsiche, Pflaumen, Papayas, Mangos, Bananen und Ananas kann man fast überall kaufen und zu vielen Rezepten verwenden. Beim Kauf sollte man vor allem auf unbehandelte Sorten zurückgreifen, z. B. auf ungeschwefelte Aprikosen oder ungezuckerte Feigen.

Dörrobst ist sicher gesünder als Kekse und Süßigkeiten, enthält aber wegen seines hohen Zuckergehalts viele Kalorien.

Öle und Fette

Öle verleihen jedem Gericht ein eigenes, zartes Aroma und sollten deshalb in größerer Auswahl vorhanden sein. Zum Kochen verwendet man ein leichtes Olivenöl und ein kaltgepreßtes für Salate. Sonnenblumenöl läßt sich vielseitig einsetzen und ein oder zwei besondere Öle geben verschiedenen Gerichten eine außergewöhnliche Note. Sesamöl eignet sich besonders für Wok-Gerichte, Haselnuß- oder Walnußöl für köstliche Salatsoßen.

Öl und Fett verleihen aber nicht nur Aroma, sondern enthalten auch die fettlöslichen Vitamine A, D, E und K. Daneben ist Öl sehr kalorienreich (pro Teelöffel 134 Kalorien), mehr als Butter oder Margarine (110 Kalorien pro Teelöffel). Für Salatsoßen oder zum Braten sollte Öl deshalb immer abgemessen werden, da man andernfalls leicht das Doppelte der angegebenen Menge verwendet.

Essig

Jeder Vorratsschrank sollte drei oder vier Essigsorten enthalten: Rot- oder Weißweinessig, Apfelessig, Tafelessig, Estragonessig, Sherry- oder Balsamessig, um nur einige Sorten zu nennen. Jeder Essig verleiht einem Gericht seinen typischen Geschmack.

Senf

Senf kann aus schwarzen, braunen oder weißen Senfkörnern hergestellt werden, die gemahlen und mit anderen Gewürzen und Essig gemischt werden.

Meaux-Senf besteht aus verschiedenen, grob gemahlenen Senfkörnern und hat einen würzigen, warmen Geschmack.

Dijon-Senf wird aus geschälten, feingemahlenen Senfkörnern hergestellt. Er ist mittelscharf bis scharf und eignet sich mit seiner Geschmacksvielfalt vorzüglich für Salate und Gegrilltes aus der vegetarischen Küche. Nur Senf, der im französischen Dijon hergestellt wird, darf dieses Etikett tragen. Süßer Senf ist mild/süß-sauer und eignet sich am besten für deutsche und skandinavische Gerichte.

Sojasauce und andere Würze

Sojasauce ist in der asiatischen Küche weit verbreitet und wird aus fermentierten gelben Sojabohnen, Weizen, Salz, Hefe und Zucker hergestellt. Es gibt helle und dunkle Sorten, wobei die hellen eher salzig und die dunklen eher süß sind und häufiger in Dips und Saucen verwendet werden.

Teriyaki verleiht Wok-Gerichten das typisch japanische Aroma. Die dunkelbraune, dickflüssige Sauce besteht hauptsächlich aus Sojasauce, Essig, Sesamöl und Gewürzen.

Schwarze und gelbe Bohnenpasten gehören in jedes chinesische

Wok-Gericht. Schwarze Bohnenpaste ist schärfer, die gelbe milder und eignet sich vorzüglich für Gemüsegerichte.

Nützliche Extras

Tahini (Sesampaste), Hefeextrakt, Meersalz, schwarze und grüne Pfefferkörner, Tomatenmark, Knoblauch, Gemüsebrühe, Trockenhefe, Pektin oder Agar-Agar sollten immer vorrätig sein.

Der vegetarische Kühl- und Gefrierschrank

Erfreulicherweise haben einige Lebensmittelproduzenten inzwischen begriffen, daß viele Menschen gern vegetarische Tiefkühlkost essen, und richten ihr Angebot danach. Diese Fertiggerichte eignen sich ausgezeichnet, wenn man für die Zubereitung einer Mahlzeit nur wenig Zeit hat. Das Sortiment umfaßt Nudelgerichte, Gemüsepfannen, Bratlinge, Curries, Quiches und andere Kuchen, um nur einige zu nennen.

Neben einem Vorrat an gekühlten oder tiefgekühlten Fertiggerichten sollte man auch selbst Kuchen-, Pasteten- oder Brötchenteig und fertiges Brot oder Brötchen einfrieren. Vorgebackenes Brot und vorgekochte Nudelgerichte eignen sich dazu genauso gut wie Spaghettisauce, Brühe, Suppen, Gemüse, Pizza usw., die dann bei Zeitmangel nur aufgebacken werden müssen.

Das Geheimnis des Erfolgs

Wie in jeder.Küche entscheidet vor allem die Wahl der Zutaten über das Gelingen einer Mahlzeit. Wenn sie frisch und von guter Qualität sind, lassen sich die köstlichsten Dinge zubereiten, die nicht nur mit einem intensiveren Aroma bestechen, sondern auch mit ihrer Farbe und ihrem Nährwert. Obst und Gemüse verlieren schnell ihre Vitamine, wenn man sie zu lange lagert, und sollten deshalb so frisch wie möglich gekauft und verzehrt werden.

Grundrezepte

Vegetarische Gemüsebrühen und Saucen sind unverzichtbare Bestandteile vieler Rezepte.

Frische Gemüsebrühe

Diese Brühe ist im Kühlschrank bis zu drei Tagen haltbar, im Gefrierfach bis zu drei Monaten. Auf Salz wird verzichtet, da es besser ist, die Brühe später entsprechend der jeweiligen Verwendung zu würzen. Ergibt 1,5 l.

250 g Schalotten
1 große Möhre, in Scheiben geschnitten
1 Stange Sellerie, in Scheiben
½ Fenchelknolle
1 Knoblauchzehe
1 Lorbeerblatt
etwas frische Petersilie und Estragon
2 l Wasser
Pfeffer

Alle Zutaten in einem großen Topf zum Kochen bringen. Den Schaum mit einem Löffel abschöpfen und die Brühe zugedeckt bei schwacher Hitze 45 Minuten köcheln lassen. Abkühlen lassen.
Ein Sieb mit einem sauberen Mulltuch auslegen und die Brühe durch das Sieb in eine Schüssel abgießen. Die klare Brühe abdecken und in kleinen Mengen im Kühlschrank oder Gefrierfach lagern.

Tahini-Creme

Tahini ist eine Paste aus Sesamsamen, deren nußartiger Geschmack ausgezeichnet zu Kofta Kebab (Seite 142) und anderen orientalischen Speisen wie z. B. Falafel paßt. Ergibt 150 ml.

3 EL Tahini
6 EL Wasser
2 TL Zitronensaft
1 Knoblauchzehe, zerdrückt
Salz und Pfeffer
Tahini und Wasser glattrühren, Zitronensaft und Knoblauch zufügen. Mit Salz und frisch gemahlenem Pfeffer würzen.

Béchamel-Sauce

Diese helle Sauce eignet sich für unzählige Gerichte und kann mit geriebenem Käse oder frisch gehackten Kräutern gewürzt werden. Ergibt 600 ml.

600 ml Milch
4 Gewürznelken
1 Lorbeerblatt
1 Prise frisch gemahlener Muskat
30 g Butter oder Margarine
30 g Weißmehl
Salz und Pfeffer

Die Milch mit Nelken, Lobeerblatt und Muskat zum Kochen bringen, zur Seite stellen und 15 Minuten abkühlen lassen. Butter oder Margarine in einem zweiten Topf zerlassen, das Mehl einrühren und 1 Minute unter ständigem Rühren kochen. Topf vom Herd nehmen, langsam die durch ein Sieb gegossene Milch unterrühren. Weiterrühren und nochmals aufkochen, bis die Sauce eindickt. Nach Belieben würzen.

Salate

Salate sind sehr vielseitig und die Liste der Zutaten so groß, daß für jede Gelegenheit ein passender Salat gewählt werden kann – als leichte und pikante Vorspeise, als gehaltvollere Beilage, als Hauptgericht oder als exotischer Fruchtsalat zum Dessert.

Salatzutaten

Ein Salat ist wie geschaffen als „Notmahlzeit". Er ist schnell zubereitet und bietet mit vielfältigen Kombinationsmöglichkeiten immer einen Ausweg, wenn unerwartet eine Mahlzeit zubereitet werden muß. Ein kurze kulinarische Eingebung, und man wird über den köstlichen Salat erstaunt sein, der sich aus den Vorräten in der Küche zaubern läßt.

Ein Salat kann aus Obst, Eiern, Käse, mit Getreide oder Hülsenfrüchten oder einfach aus grünem Blattgemüse hergestellt werden und ist immer nahrhaft. Gewöhnlich haben Salate wenig Kalorien, wenn man mit der Sauce spart oder auf eine fettfreie Variante zurückgreift, und sehen meistens appetitlich aus – ein dekorativ zubereiteter Salat kann sogar „Gemüsemuffel" verlocken. Außerdem eignen sich Salate gut als Beilage.

Inzwischen gibt es viele ausgefallene Nahrungsmittel, die einen gewöhnlichen Salat interessanter machen. Man kann mit neuen Obst- und Gemüsesorten experimentieren, die dem Salat, in kleinen Mengen beigegeben, ein ungewöhnliches Aroma verleihen. Für einen gelungenen Salat sollte die Ware stets frisch und voll ausgereift sein und innerhalb weniger Tage verbraucht werden.

Kräuter

Jeder Salat kann mit sorgfältig ausgewählten Kräutern zu einem unvergeßlichen Geschmackserlebnis werden. Die Rezepte in diesem Buch verwenden großzügig frische Kräuter, die jeder Speise Aroma und eine einzigartige Geschmacksnote verleihen. Es lohnt sich, bei jedem Salat oder jeder Salatsauce verschiedene Kräuter auszuprobieren, z. B. Majoran, Thymian, Schnittlauch, Basilikum, Minze, Fenchel und Dill oder die allgegenwärtige Petersilie. Basilikum schmeckt besonders mit Tomaten, und Fenchel oder Dill eignen sich am besten für Gurken- oder Rote-Bete-Salat.

Blüten

Will man einem gewöhnlichen Salat, z. B. grünem Blattsalat, eine besondere Note verleihen, gibt man am besten bunte und dekorativ wirkende, eßbare Blüten hinzu. Von welchen Blüten nur die Blütenblätter und welche Blüten im ganzen verwendet werden, bleibt dem persönlichen Geschmack überlassen. Borretsch, Primel, Veilchen, Ringelblume, Kapuzinerkresse, Stiefmütterchen, Gänseblümchen und Rosenblätter eignen sich gleichermaßen und bilden mit ihrem süßen Geschmack und ihren kräftigen Farben einen schönen Kontrast zu jedem grünen Salat.

Die Blüten sollten immer frisch und sauber sein und deshalb nur, wenn nötig, sehr vorsichtig gewaschen werden. Anschließend mit Küchenpapier trocken tupfen und im Kühlschrank in einem geschlossenen Behälter aufbewahren. Es versteht sich von selbst, daß Blüten, die vorher mit Chemikalien behandelt wurden, nicht verwendet werden.

Nüsse

Neben Farbe und Geschmack benötigt ein Salat auch Substanz, wie sie durch die Mischung von härteren Zutaten mit weichem Obst oder Gemüse erreicht wird. Nüsse sind dafür besonders geeignet, da sie angenehm knackig sind und dem Salat zusätzliches Aroma verleihen. Ihr Geschmack kann häufig durch vorhergehendes Rösten noch verbessert werden. Dazu werden sie auf einem ungefetteten Backblech im vorgeheizten Backofen 5–10 Minuten erhitzt, bis sie goldbraun sind. Geeignete Nüsse sind Mandeln, Haselnüsse, Pinienkerne und Erdnüsse. Pinienkerne können auch in einer Pfanne geröstet werden, die man bei starker Hitze leicht schüttelt.

Grüne Blattsalate

Inzwischen gibt es eine riesige Auswahl grüner Blattsalate, die man auf unterschiedlichste Weise zubereiten kann. **Brunnenkresse** ist wegen ihres frischen, pfeffrig-scharfen

Aromas eine beliebte Salatzutat. Brunnengresse ist ganzjährig erhältlich.

Chicoree erhältlich von Herbst bis Frühjahr. Die leicht bitteren Blätter verleihen jedem Wintersalat eine interessante Note. Man wählt feste Kegel mit gelben Blattenden. Beschädigte Kegel oder Köpfe mit grünen Blättern eignen sich nicht, da diese zu bitter sind. Es gibt auch eine rote Variante.

Chinakohl eignet sich besonders für Herbst- und Wintersalate. Die Blätter werden fein geschnitten und zusammen mit Sojasprossen oder mit den schärferen Blättern von Kresse und Löwenzahn zubereitet.

Eichblattsalat läßt sich mit seinen aromatischen, rötlichen Blättern gut mit anderen Blattsalaten kombinieren, von denen er in Geschmack und Farbe abweicht.

Eisbergsalat hat hellgrüne, dichtgepackte Blätter. Er scheint vielleicht teurer als andere Salate zu sein, aber das täuscht, wenn der Preis auf das Gewicht bezogen wird. Dieser frische und knackige Salat hält sich gut im Kühlschrank.

Endiviensalat ist leicht bitter und hat ausgefranste Blätter. Man unterscheidet den stark gefransten, hellgrünen Frisée-Salat und die herkömmliche Krause Endivie mit breiteren, mehr gewellten Blättern. Vor der Reife werden beiden Arten die Blätter zusammengebunden, um das Innere des Kopfes zu bleichen und zarte, saftige Blätter zu erzeugen.

Feldsalat heißt im Englischen „Lammsalat", da seine dunkelgrünen Blätter wie Lämmerzungen aussehen sollen. In Frankreich heißt dieser Salat Mâche. Ein hervorragender Wintersalat, dekorativ und sehr aromatisch.

Kopfsalat die weithin bekannteste Salatsorte. Sorten aus dem Gewächshaus sollte man nicht verwenden, da ihre Blätter weich und lasch sind.

Portulak die saftigen grünen Blattrosetten mit fleischigen Stielen haben einen scharfen bis beißenden Geschmack.

Radicchio ist eine Variante des Chicorée und stammt ursprünglich aus Italien. Der kleine, festgepackte rote Salatkopf ist relativ teuer, aber es werden nur wenige Blätter für einen Salat benötigt, da sie einen bitteren Geschmack haben. Die Blätter sind dunkelrot mit weißen Rippen und verleihen einem grünen Salat die besondere Note.

Rauke hat einen deutlich herbwürzigen Geschmack. Die Blätter sollten verzehrt werden, solange sie jung und grün sind und sich vorzüglich für gemischte grüne Salate eignen.

Romanasalat eignet sich besonders für köstliche Salate mit Käse. Er hat lange, schmale, leuchtend grüne Blätter und ist herrlich knackig.

Die Salatzubereitung (Blattsalate)

Welchen Salat man auch kauft, die Blätter sollten immer fest und knackig sein und niemals braun oder welk. Den Salat nicht drücken, da sich sonst leicht häßliche Druckstellen auf den Blättern bilden.

Vor dem Anrichten werden alle beschädigten äußeren Blätter entfernt und die übrigen Blätter in kaltem Salzwasser gewaschen, um Schmutz und Insekten zu beseitigen. Anschließend werden die Blätter entweder mit Küchenpapier trockengetupft oder in einer Salatschleuder oder einem sauberen Geschirrtuch „trockengeschleudert". Man nimmt dazu die vier Geschirrtuchzipfel in die Hand und und schwingt „den Beutel" ein paarmal kräftig hin und her.

Die Salatsauce wird erst kurz vor dem Servieren übergegossen, da die Blätter sonst welken.

Salatsaucen (Zutaten)

Der Geschmack eines guten Salats hängt maßgeblich von der Sauce ab – man verwendet deshalb nur die besten Zutaten. Jede Salatsauce besteht zum größten Teil aus Essig und Öl, andere Zutaten können je nach Salat beliebig hinzugegeben werden.

Die Wahl eines guten Öls ist besonders wichtig. Öle werden aus verschiedenen Nüssen und Samen hergestellt, die alle ihr eigenes Aroma besitzen. Obgleich teurer, sind kaltgepreßte Öle wegen ihres überragenden Aromas durchaus ihren Preis wert.

Olivenöl eignet sich für die meisten Salate am besten. Bevorzugt sollte man das kaltgepreßte, extra native, dunkelgrüne Öl kaufen, das sich in Geschmack und Aroma deutlich von anderen Ölen unterscheidet.

Sesamöl hat einen stark nussigen Beigeschmack und eignet sich besonders für Salate aus der asiatischen Küche.

Sonnenblumen- oder Rapsöl sind neutrale Öle, die entweder mit Olivenöl gemischt oder in einer milderen Sauce für sich allein verwendet werden können. Mayonnaise aus diesen Ölen oder einer Mischung mit Olivenöl ist ebenfalls leichter als solche aus reinem Olivenöl.

Walnuss- und Haselnussöl haben den delikatesten Geschmack und das beste Aroma. In fertigen

Vinaigrettes werden sie manchmal mit Olivenöl gemischt. Sie sind etwas teurer als andere Öle, aber die Ausgabe lohnt sich, besonders wenn eine Salatsauce für die leicht bitteren Salate von Chicorée, Radicchio oder Spinat angerührt werden soll.

Eine gute Salatsauce muß säuerlich sein. Dafür eignen sich hochwertige Essigsorten wie Weinessig, Apfelessig, Sherryessig oder Kräuteressig; herkömmlicher Tafelessig ist zu streng und eignet sich daher weniger für eine ausgewogene Salatsauce. Man kann auch Zitronensaft verwenden, besonders für Obstsalate.

Apfelessig soll sehr gesund sein und wertvolle Inhaltsstoffe besitzen. Sein leicht fruchtiges Aroma erinnert deutlich an seine Herkunft.

Weinessig (rot oder weiß) wird am häufigsten in Vinaigrettes verwendet.

Sherryessig hat ein rundes Aroma, das gut mit Walnuß- und Haselnußöl harmoniert. Dieser Essig kann auch allein verwendet werden.

Balsamessig ist dunkel, mild und hat ein leicht süßsäuerliches Aroma. Er kostet etwas mehr, aber man benötigt nur wenige Tropfen bis einen Teelöffel, um dem Salat einen wunderbaren Geschmack zu verleihen. Echter Balsamessig stammt aus der Gegend von Modena in Italien.

Aromatisierte Essigsorten werden aus Wein- oder Apfelessig hergestellt. Die gewünschte Zutat wird einfach bis zu zwei Wochen in eine kleine Flasche Essig eingelegt.
Besonders gut eignen sich Basilikum, Estragon, Knoblauch, Thymian, Minze oder Rosmarin. Für Weinessig mit Himbeeraroma legt man ungefähr zwölf Himbeeren in einer Flasche Essig ein.

Salatsaucen (Dressings)

Eine große Flasche eines Lieblingsdressings wird nach den folgenden Rezepten zubereitet:

Sesam-Dressing

Eine pikante Salatsauce mit cremiger Konsistenz

2 EL Sesampaste (Tahini)
2 EL Apfelessig
2 EL Sherry, medium
2 EL Sesamöl
2 EL Sojasauce
1 Knoblauchzehe, zerdrückt

Sesampaste mit Essig und Sherry in einer Schüssel glattrühren. Die restlichen Zutaten unterziehen und gründlich mischen.

Tomaten-Dressing

Dieses vollkommen fettfreie Dressing eignet sich gut, wenn man Kalorien zählen muß.

120 ml Tomatensaft
1 Knoblauchzehe, zerdrückt
2 EL Zitronensaft
1 EL Sojasauce
1 TL flüssiger Honig
2 EL Schnittlauch, gehackt
Salz und Pfeffer

Alle Zutaten in einem Schüttelbecher oder Glas mit Schraubdeckel kräftig durchschütteln.

Apfel-Dressing

2 EL Sonnenblumenöl
2 EL Apfelsaftkonzentrat
2 EL Apfelessig
1 EL Meaux-Senf
1 Knoblauchzehe, zerdrückt
Salz und Pfeffer

Alle Zutaten in einem Schüttelbecher oder Glas mit Schraubdeckel kräftig durchschütteln.

Kräuter-Dressing

Dieses blaßgrüne Dressing mit dem Aroma frischer Kräuter eignet sich gut für Blumenkohl oder Brokkoli.

15 g Petersilie
15 g Minze
15 g Schnittlauch
1 Knoblauchzehe, zerdrückt
150 ml Naturjoghurt
Salz und Pfeffer

Stiele von Petersilie und Minze entfernen. Die Blätter mit Schnittlauch, Knoblauch und dem Joghurt in einen Mixer geben oder mit dem Pürierstab glattrühren. Nach Belieben würzen. Im Kühlschrank aufbewahren.

Kochen mit dem Wok

Das Kochen mit dem Wok ist für Vegetarier bestens geeignet, da man innerhalb weniger Minuten köstlich-knackige Gemüsegerichte servieren kann.

Vorbereitungen

Immer das ganze Rezept lesen, bevor man mit dem Kochen beginnt. Kochgeschirr und Zutaten werden gerichtet, so daß alles bereit liegt, wenn man anfängt zu kochen, da sonst die ersten Zutaten verkocht sind, bis die letzten zugegeben werden. Asiatische Köche benutzen meistens ein Küchenbeil und verschiedene Messer, aber ein scharfes Küchenmesser reicht vollkommen. Alle Zutaten sollten gleichmäßig und fein, mit möglichst vielen Schnittflächen, geschnitten werden – bekannt sind die diagonalen Scheiben, Rauten, Streifen oder die hauchdünnen „Julienne–Streifen".

Pfannenrühren

Diese Garmethode ist beim Kochen mit dem Wok am gebräuchlichsten. Sobald die Zutaten vorbereitet sind und mit dem Garen begonnen werden kann, wird Öl im Wok unter Schwenken sehr stark erhitzt. Das Fett sollte zischen, wenn die Zutaten eingerührt und gegart werden.

Bei den meisten Rezepten werden als erstes Zwiebeln, Knoblauch und Ingwer gegart, da sie ihr Aroma an das Öl abgeben. Unter Umständen muß die Hitze dann etwas reduziert werden. Die restlichen Zutaten werden meistens wieder bei starker Hitze gegart. Zum Kochen mit dem Wok eignet sich ein Gasherd am besten, da die Hitze schnell reguliert werden kann und der abgerundete Boden des Woks über einer Gasflamme ideal erhitzt wird. Für elektrische Herdplatten sollte ein Wok mit flachem Boden verwendet werden.

Die Zutaten sollten immer in der Reihenfolge, in der sie im Rezept aufgeführt werden, in den Wok gegeben werden. Beim Garen ständig rühren. Soll am Ende der Garzeit noch eine Sauce gekocht werden, schiebt man das Gemüse am Topfrand nach oben, erhitzt die Flüssigkeit so kurz wie möglich und gibt das Gemüse unter starker Hitze wieder dazu, bis es gar und die Sauce eingedickt ist. Sofort servieren.

Fritieren

Gewöhnlich werden Eiergebäck und Lebensmittel, die mit einem Teigmantel überzogen oder paniert sind, fritiert. Am besten eignet sich Erdnußöl, das mit seinem hohen Flammpunkt und seinem milden Aroma gewährleistet, daß eine Speise weder verbrennt noch geschmacklich beeinträchtigt wird. Ein Wok mit rundem Boden sollte zum Fritieren mit einem Standring aus Metall stabilisiert werden. Anschließend werden 600 ml Öl erhitzt, bis die gewünschte Temperatur erreicht ist. Man kann sie entweder mit einem Thermometer messen oder mittels eines Brotwürfels feststellen, der in 30 Sekunden gebräunt sein sollte.

Das Öl sollte heiß genug sein, daß Panade oder Teigmantel rasch abbinden und die Nahrung möglichst wenig Öl aufnimmt. Die Garzeit hängt von der Größe der Zutaten ab. Sobald das Fritiergut eine goldgelbe Farbe hat, wird es mit einem Schaumlöffel aus dem Öl genommen und auf Küchenpapier abgetropft. Servieren, solange die Speise knusprig ist.

Dämpfen

Zum Dämpfen werden ein großer Wok und ein Dämpfkorb aus Bambus mit Deckel benötigt. Der Wok wird bis knapp unter den Boden des Dämpfkorbs mit Wasser gefüllt, der Dämpfkorb kann auf ein Dreibein gestellt werden und mehrere Etagen haben, die aufeinandergestapelt werden. So können gleichzeitig verschiedene Zutaten garen, die man auf einen Teller vom Durchmesser des Dämpfkorbs legt, würzt und damit anschließend die jeweilige Etage bestückt. Deckel auflegen und dämpfen, bis die Speise gar ist. Vorsicht, Wasser nachfüllen, bevor es verdampft ist.

Wenn man keinen Bambusdämpfkorb besitzt, legt man die Zutaten auf einen Teller und stellt diesen auf ein Dreibein aus Metall oder Holz. Das Wasser sollte bis knapp unter den Teller reichen und der Wok mit einem Deckel abgedeckt werden.

Pfannenschwenken/Schmoren

Der Wok eignet sich auch vorzüglich zum Kochen von Suppen. Die Zutaten werden kurz in heißem Öl gerührt (siehe Pfannenrühren), mit Brühe abgelöscht und offen oder zugedeckt bei schwacher Hitze gegart. Solche Gemüsesuppen sollten noch „Biß" haben, d. h. sie werden wesentlich kürzer gekocht als herkömmliche Suppen.

Schmoren oder Braten im Wok geht aufgrund der besseren Wärmeleitung eines Woks ebenfalls schneller. Die Zutaten werden kurz gebraten und anschließend zugedeckt mit etwas Flüssigkeit schonend gegart. Man läßt den Deckel weg, wenn die Flüssigkeit eingekocht und so der Geschmack der Zutaten verstärkt werden soll. Gelegentlich umrühren.

Vegetarisches Grillen

Zahlreiche, nahrhafte vegetarische Gerichte können über offenem Feuer gekocht werden – schließlich wird die Hitze beim Grillen nur direkt zugeführt.

Grillen will geplant sein

Grillen scheint immer mit langem Warten verbunden zu sein. Damit der Hunger bei den Gästen nicht zu groß wird, sollte man ihnen zunächst Knabbereien und Dips (Saucen) anbieten. Diese können schon vor der Grillparty zubereitet und im Kühlschrank aufbewahrt werden.

Da Grillfeuer immer einige Zeit benötigen, bis sie richtig glühen, sollte man reichlich Zeit dafür einplanen. Vor Auflegen des Grillguts sollten die Flammen erloschen und die Kohlen gut durchgeglüht sein.

Ein einzelner Grill wird für eine große Gesellschaft kaum genügen, da es zu lange dauern würde, bis auch der letzte an die Reihe käme. In einer solchen Situation sollte man besser den Großteil des Essens auf dem Herd kochen und nur wenige Zutaten grillen oder vorgekochte Zutaten entsprechend kurz auf den Grill legen. Vegetarische Würstchen und Hamburger sind ideal, da sie schnell gar sind und auch in großen Mengen auf einem kleinen Grill Platz finden.

Vorbereitungen

Viele Grillzutaten schmecken besser, wenn man sie vorher mariniert. Dazu zählen besonders Tofu oder Auberginen, die das Aroma der Marinade gut aufnehmen. Tofu ist in vier Varianten erhältlich: Geräuchert oder fest eignet er sich für Gemüsespieße, weich für Hamburger und als Paste für Dips und Saucen. Die Spieße sollten fertig gespickt sein und zum Grillen bereitliegen. Nach Möglichkeit benutzt man kantige Metallspieße, so daß die Zutaten sich beim Wenden nicht um den Spieß drehen. Spieße aus Bambus eignen sich ebenfalls, sollten aber vor dem Grillen in Wasser eingeweicht werden, um nicht über den heißen Kohlen zu verbrennen und die Mahlzeit zu verderben. Vorher zubereitete süße und pikante Saucen sollten erst im letzten Moment aus dem Kühlschrank ins Freie gebracht werden.

Grilltips

Bis das Grillgut auf den Grill gelegt wird, sollte es unbedingt kühl aufbewahrt werden – entweder im Kühlschrank oder in einer Kühltasche mit reichlich Eis.

Der Grill muß rechtzeitig angeheizt werden, da die Kohlen etwa 45 Minuten benötigen, bis sie glühen, und ein Gasgrill erst nach 15 Minuten heiß genug zum Grillen ist. Am besten schmeckt Gegrilltes, wenn es über der Glut gegart und nicht von Flammen und Rauch „verkohlt“ wird.

Das Grillgitter, Spieße, Zangen und andere Utensilien sollten vor Gebrauch leicht geölt werden, damit das Grillgut nicht hängenbleibt.

Wenn man verschiedene frische Kräuter über die Kohlen streut, verbreiten sie beim Verbrennen einen angenehmen Duft und geben den Grillspeisen zusätzliches Aroma. Holzige Pflanzen verbrennen langsamer und eignen sich deshalb zu diesem Zweck besser.

Die Hitze reguliert man, indem man die Höhe des Grillgitters über den Kohlen variiert oder die Gasflamme kleiner dreht.

Das Grillgut braucht Zeit, um gar zu werden, da es sonst außen schwarz und innen roh ist – der typische Grillgeschmack stellt sich erst nach einer gewissen Zeit ein.

Grillen von Gemüse

Spieße sollten immer mit Gemüse gespickt werden, das in gleichgroße Stücke geschnitten ist und etwa die gleiche Garzeit benötigt. Mögliche Zutaten sind Auberginen, Tomaten, in Ringe geschnittene Maiskolben oder Maiskölbchen, Pilze, Zwiebeln und Zucchini. Auch neue Kartoffeln, Möhren, Kohlrabi und Artischockenherzen können gegrillt werden, wenn man sie vorher gekocht hat. Wenn man gegrillte Ofenkartoffeln servieren möchte, sollte man sie zuerst im Ofen oder der Mikrowelle vorkochen, in Folie wickeln und am Rand des Grills warm halten, bis sie gefüllt werden können. Man kann die Kartoffeln aber auch auf dem Grillgitter zu Ende garen – die Schale sollte gebräunt und knusprig sein.

Gemüse kann in Folie oder auf Spießen gegart werden. Es sollte grob eingeschnitten, leicht geölt und mit Kräutern oder anderer Würze bestreut und fest in Folie gewickelt werden. Grillen, bis es weich ist.

VORSPEISEN & SALATE

Bei der großen Auswahl an frischem Obst und Gemüse kann man als idealen Auftakt zu einem vegetarischen Essen leicht verschiedene köstliche Vorspeisen und Salate kreieren. Die Rezepte in diesem Kapitel bieten dazu Anregungen und Genuß, die das anschließende Hauptgericht nur noch verlockender machen.
Eine gut geplante Vorspeise sorgt durch die ausgewogene Zusammenstellung von Aroma, Farbe und Konsistenz für Abwechslung und Kontrast, sollte aber auch mit dem anschließenden Hauptgericht harmonieren. So verlangt ein schweres Hauptgericht nach einer leichten Vorspeise, z. B. einem Salat, der gerade ausreicht, um das Interesse zu wecken und die Geschmacksknospen anzuregen.
Ein Salat kann aber auch eine erfrischende Beilage sein oder, wenn zwei bis drei Salate kombiniert werden, eine komplette Hauptmahlzeit. Salate enthalten viele Vitamine und Mineralstoffe und sollten auch wegen Geschmack und Konsistenz immer aus den frischesten Zutaten zubereitet werden.

Käse-Knoblauch-Kräutercreme

Diese ausgezeichnete Creme aus Weichkäse hat das würzige Aroma von frischen Kräutern und Knoblauch. Mit dreieckigem Melba-Toast serviert, ist sie die ideale Vorspeise.

FÜR 4 PERSONEN

ZUTATEN

1 EL Butter
1 Knoblauchzehe, zerdrückt
3 Frühlingszwiebeln, feingehackt
125 g Frischkäse
2 EL frische, gehackte Kräuter, z. B. Petersilie, Schnittlauch, Majoran, Oregano, Basilikum
175 g Cheddar, feingerieben
Pfeffer
4–6 mitteldicke Scheiben Weißbrot
verschiedene Salatblätter und Cocktailtomaten zum Servieren

ZUM GARNIEREN

Paprikapulver
frische Kräuterzweige

1 Die Butter in einem kleinen Topf zerlassen. Knoblauch und Frühlingszwiebeln darin 3–4 Minuten weich dünsten. Abkühlen lassen.

2 Den Frischkäse in einer großen Schüssel mit Knoblauch, Frühlingszwiebeln und Kräutern gut verrühren.

3 Den geriebenen Cheddar einarbeiten, bis eine feste Creme entsteht. Abdecken und bis zum Servieren kalt stellen.

4 Für den Melba-Toast die Brotscheiben von beiden Seiten toasten, danach die Brotrinde entfernen. Die Scheiben mit einem scharfen Brotmesser horizontal durchschneiden, so daß sehr dünne Scheiben entstehen. Dann diagonal durchschneiden und die ungetoasteten Seiten leicht rösten.

5 Die verschiedenen Salatblätter und die Cocktailtomaten auf vier Tellern verteilen. Etwas Käsecreme darauf setzen und mit Paprikapulver bestreuen. Mit frischen Kräuterzweigen garnieren und mit Melba-Toast servieren.

Schritt *2*

Schritt *3*

Schritt *4*

Kräuter-, Nuß- & Paprika-Käse-Bällchen

Diese kleinen Käsebällchen werden in frischen Kräutern, gerösteten Nüssen oder Paprikapulver gewälzt und als Appetithäppchen bei Parties, zu Buffets oder Empfängen gereicht.

FÜR 4 PERSONEN

ZUTATEN

125 g Ricotta
125 g alter Gloucester (Hart-)käse, feingerieben
2 TL Petersilie, gehackt
60 g verschiedene Nüsse, gehackt
3 EL frische, gehackte Kräuter, z. B. Petersilie, Schnittlauch, Majoran, Liebstöckel und Kerbel
2 EL Paprikapulver, edelsüß
Pfeffer
frische Kräuterzweige zum Garnieren

1 Ricotta und Hartkäse miteinander mischen. Petersilie und Pfeffer hinzufügen und alle Zutaten gründlich vermengen.

2 Aus der Mischung kleine Bällchen formen. Zugedeckt etwa 20 Minuten kalt stellen.

3 Die gehackten Nüsse auf einem Backblech verteilen und im vorgeheizten Backofen goldbraun rösten (grillen). Vorsicht, daß sie nicht zu dunkel werden. Abkühlen lassen.

4 Nüsse, Kräuter und Paprikapulver in drei verschiedene Schälchen füllen. Die gleiche Anzahl Käsebällchen in der Nußmischung, der Kräutermischung und dem Paprikapulver wälzen.

5 Auf eine Platte legen und kalt stellen. Vor dem Servieren mit frischen Kräuterzweigen garnieren.

Schritt *1*

Schritt *2*

Schritt *3*

Avocadoterrine

Das cremig-volle Aroma reifer Avocados läßt sich gut mit Joghurt und Sahne zu dieser eindrucksvollen Terrine kombinieren.

FÜR 6 PERSONEN

ZUTATEN

2 reife Avocados
4 EL kaltes Wasser
2 TL Pektin (pflanzliche Gelatine)
1 EL Zitronensaft
4 EL Mayonnaise
150 ml Naturjoghurt
150 ml Schlagsahne
Salz und Pfeffer
verschiedene Salatblätter zum Servieren

ZUM GARNIEREN

Gurkenscheiben
Kapuzinerkresse-Blüten

1 Die Avocados schälen, entkernen und mit Wasser, Pektin, Zitronensaft, Mayonnaise, Joghurt, Sahne und Gewürzen in eine große Rührschüssel oder die Küchenmaschine geben.

2 Die Mischung mit dem Rührgerät oder mit der Hand 10–15 Sekunden glattrühren.

3 Die Mischung in einen kleinen Topf umfüllen und langsam unter ständigem Rühren erhitzen, bis sie kocht.

4 In eine 1 l fassende Puddingform oder Plastikbox umfüllen. Abkühlen lassen und dann im Kühlschrank 1½–2 Stunden kalt stellen.

5 Die Terrine aus der Form stürzen und in gleichmäßige Scheiben schneiden. Auf 6 Tellern ein Bett aus Salatblättern vorrichten. Eine Scheibe Avocadoterrine darauf legen und mit Gurkenscheiben und Kapuzinerkresse-Blüten garnieren.

Schritt *2*

Schritt *3*

Schritt *4*

Mexikanische Salsa mit Tortilla-Chips

Mit dieser mexikanischen Salsa werden auch müde Gaumen munter.
Ihr ausgeprägtes Aroma öffnet alle Geschmacksknospen.

FÜR 6 PERSONEN

ZUTATEN

2 kleine, rote Peperoni
1 EL Limonen- oder Zitronensaft
2 große, reife Avocado
5 cm Salatgurke
2 geschälte Tomaten
1 kleine Knoblauchzehe, zerdrückt
einige Tropfen Tabascosauce
Salz und Pfeffer
Limonen- oder Zitronenschnitze zum Garnieren
Tortilla-Chips zum Servieren

1 Eine Peperoni entstielen und entkernen. Sehr fein hacken und in eine Schüssel geben. Die zweite Peperoni wird für die dekorative Peperoniblume vom Stiel zur Spitze mehrmals fein eingeschnitten, ohne den Stiel zu entfernen. In eine Schale mit kaltem Wasser legen, damit die „Blütenblätter" sich nach außen öffnen.

2 Den Limonen- oder Zitronensaft mit den geschälten und entkernten Avocados zur gehackten Peperoni geben. Das Avocadofleisch mit einer Gabel zerdrücken. (Der Limonen- oder Zitronensaft verhindert, daß die Avocados braun werden.)

3 Gurkenstück und Tomaten fein hacken und zusammen mit dem zerdrückten Knoblauch in die Avocadomischung geben.

4 Die Creme mit Tabascosauce, Salz und Pfeffer kräftig würzen.

5 Die fertige Salsa in eine Servierschüssel umfüllen. Mit Limonen- oder Zitronenschnitzen und der „Peperoniblüte" garnieren. Die Schüssel auf einen großen Teller stellen, mit Tortilla-Chips umgeben und servieren.

Schritt *1*

Schritt *2*

Schritt *4*

Gemüseplatte mit Auberginendip

Gemüseplatten mit einem Dip eignen sich für gesellige Runden, wo sie alle Gäste an einen Tisch bringen. Dieser gehaltvolle Dip wird als Vorspeise zu Gemüse gereicht.

FÜR 4 PERSONEN

ZUTATEN

1 Aubergine, geschält und in 2,5 cm große Würfel geschnitten
3 EL Sesamkörner, ohne Fett bei schwacher Hitze in der Pfanne geröstet
1 TL Sesamöl
abgeriebene Schale und Saft von ½ Limone
1 kleine Schalotte, gehackt
½ TL Salz
1 TL Zucker
1 rote Peperoni, entkernt und in Streifen geschnitten
125 g Brokkoliröschen
2 Möhren, in Stifte geschnitten
125 g Maiskölbchen, längs halbiert
2 Stangen Sellerie, in Streifen geschnitten
1 kleiner Rotkohl, in 8 Schnitzen, an der Basis durch den Strunk zusammengehalten

1 Die Auberginenwürfel 7–8 Minuten in kochendem Wasser garen.

2 Inzwischen die Sesamkörner mit Öl im Mixer oder im Mörser zermahlen.

3 Die Aubergine, Limonenschale und -saft, Schalotte, Salz, Zucker und Peperoni in dieser Reihenfolge in die Schüssel mit den gemahlenen Sesamkörnern geben. In der Küchenmaschine oder von Hand pürieren, bis eine glatte Masse entsteht.

4 Abschmecken und in eine Schüssel füllen. Auf einer Platte mit Brokkoli, Möhren, Maiskölbchen, Stangensellerie und Rotkohl anrichten.

Schritt *1*

Schritt *3*

Schritt *4*

Dip aus Minze und weißen Bohnen

Dieser Dip eignet sich vorzüglich zum Aperitif vor dem Essen oder als Beilage zu knackigen Gemüsestückchen auf einer Party.

FÜR 6 PERSONEN

ZUTATEN

175 g getrocknete weiße Bohnen
1 kleine Knoblauchzehe, zerdrückt
1 Bund Frühlingszwiebeln (Schalotten), grobgehackt
1 Handvoll frischer Minzeblätter
2 EL Tahini (Sesampaste)
2 EL Olivenöl
1 TL gemahlener Kreuzkümmel
1 TL gemahlener Koriander
Zitronensaft
Salz und Pfeffer
frische Minze zum Garnieren

ZUM SERVIEREN

frische Gemüsestückchen wie Blumenkohlröschen, Möhren, Gurke, Radieschen und Paprika

1 Die weißen Bohnen über Nacht in reichlich kaltem Wasser einweichen.

2 Die Bohnen spülen und abtropfen, in einen großen Topf füllen und mit kalten Wasser bedecken. Zum Kochen bringen und 10 Minuten bei starker Hitze weiterkochen. Hitze reduzieren und zugedeckt köcheln lassen, bis die Bohnen gar sind.

3 Das Wasser abgießen und Bohnen in die Küchenmaschine umfüllen. Knoblauch, Frühlingszwiebeln, Minze, Tahini und Olivenöl zugeben.

4 Mit dem Mixer 15 Sekunden verrühren oder mit dem Rührstab pürieren, bis eine glatte Paste entsteht.

5 Die Masse mit Kreuzkümmel, Koriander, Zitronensaft, Salz und Pfeffer abschmecken. Gut umrühren und 30 Minuten kalt stellen, damit die Gewürze ihr Aroma entfalten können.

6 In Servierschälchen umfüllen, mit frischen Minzezweigen garnieren und auf einer Platte mit rohen Gemüsestückchen servieren.

Schritt *3*

Schritt *4*

Schritt *5*

Paprika mit Rosmarinmarinade

Gegrillte oder gebackene Paprika unterscheiden sich geschmacklich sehr vom rohen Gemüse – einfach mal probieren.

FÜR 4 PERSONEN

ZUTATEN

4 EL Olivenöl
abgeriebene Schale einer Zitrone
4 EL Zitronensaft
1 EL Balsamessig
1 EL frischer Rosmarin, gehackt
oder 1 TL Rosmarin, getrocknet
2 rote Paprika,
halbiert und entkernt
2 gelbe Paprika,
halbiert und entkernt
2 EL Pinienkerne
Salz und Pfeffer
frische Rosmarinzweige zum Garnieren

1 Olivenöl, Zitronenschale, Zitronensaft, Essig und Rosmarin verrühren. Mit Salz und Pfeffer würzen.

2 Paprikahälften mit der Schale nach oben auf ein mit Folie eingeschlagenes Grillgitter oder ein Backblech legen und mit der Rosmarinmarinade bestreichen.

3 Paprika grillen oder backen, bis die Schale zu reißen beginnt. Währenddessen häufig mit der Marinade bestreichen. Aus dem Grill oder Backofen nehmen, mit Folie abdecken und 5 Minuten abkühlen lassen.

4 Inzwischen die Pinienkerne leicht im Backofen rösten.

5 Die Paprika schälen, in Streifen schneiden und auf einen vorgewärmten Teller legen. Mit den Pinienkernen bestreuen und mit dem Rest der Rosmarinmarinade beträufeln. Mit frischen Rosmarinzweigen garnieren und sofort servieren.

Schritt *1*

Schritt *3*

Schritt *5*

Marinierter Gemüsesalat

Schwach gedünstetes Gemüse schmeckt ausgezeichnet, wenn es warm und in einer Marinade aus Olivenöl, Weißwein, Essig und frischen Kräutern serviert wird.

FÜR 4-6 PERSONEN

ZUTATEN

175 g junge Möhren, geschnitten
2 Sellerieherzen, in 4 Stücke zerlegt
125 g Zuckererbsen
1 Fenchelknolle, in Stücke geschnitten
125 g zarte Spargelspitzen
15 g Sonnenblumenkerne
frische Dillzweige zum Garnieren

MARINADE

4 EL Olivenöl
4 EL trockener Weißwein
2 EL Weißweinessig
1 EL frischer Dill, gehackt
1 EL frische Petersilie, gehackt
Salz und Pfeffer

1 Möhren, Sellerie, Zuckererbsen, Fenchel und Spargelspitzen in leicht kochendem Wasser bißfest dünsten.

2 Inzwischen aus Olivenöl, Wein, Essig und gehackten Kräutern die Marinade zubereiten. Mit Salz und Pfeffer gut würzen.

3 Sobald das Gemüse gar ist, auf einer Servierplatte anrichten und sofort mit der Marinade übergießen. Die heißen Gemüsestücke nehmen beim Abkühlen das Aroma der Marinade auf.

4 Die Sonnenblumenkerne auf ein Backblech streuen und im vorgeheizten Backofen oder Grill goldbraun rösten. Über die Gemüseplatte streuen.

5 Mit frischen Dillzweigen garnieren und servieren, solange das Gemüse warm ist.

Schritt *1*

Schritt *3*

Schritt *4*

Kohlsalat mit Möhren und Cashewnüssen

Das Dressing für diesen einfachen Salat enthält in Sesamöl geröstete Mohnsamen, die so ihr reiches Aroma entfalten.

FÜR 4 PERSONEN

ZUTATEN

1 kleine Möhre, gerieben
1 kleine Zwiebel, feingehackt
2 Stangen Sellerie, gehackt
¼ kleiner Weißkohl, geraspelt
1 EL frische Petersilie, gehackt
4 EL Sesamöl
½ TL Mohnsamen
60 g Cashewnüsse
2 EL Weißwein- oder Apfelessig
Salz und Pfeffer
frische Petersilienzweige zum Garnieren

1 Möhren, Zwiebel, Sellerie und Kohl in einer großen Salatschüssel mischen. Die gehackte Petersilie unterrühren und mit Salz und Pfeffer würzen.

2 Das Sesamöl in einer Pfanne mit Deckel erhitzen. Die Mohnsamen zugeben und zudecken. Bei mittlerer Hitze rösten, bis man die Samen platzen hört. Vom Herd nehmen und abkühlen lassen.

3 Die Cashewnüsse auf ein Backblech streuen. Bei mittlerer Hitze rösten, bis sie goldbraun sind. Vorsicht, nicht anbrennen lassen. Abkühlen lassen.

4 Den Essig unter das Öl mit den Mohnsamen rühren und das Ganze über den Salat gießen. Die abgekühlten Cashewnüsse zugeben und den Salat gut vermengen.

5 Mit frischen Petersilienzweigen garnieren und sofort servieren.

Schritt *2*

Schritt *3*

Schritt *4*

Kartoffelsalat in drei Varianten

Nichts kann den Geschmack neuer Kartoffeln schlagen, die warm und mit einem köstlichen Dressing serviert werden.

FÜR 4 PERSONEN

ZUTATEN

500 g neue Kartoffeln pro Variante
frische Kräuter zum Garnieren
Mildes Curry-Dressing
1 EL Pflanzenöl
1 EL mittelscharfe Currypaste
1 kleine Zwiebel, gehackt
1 EL Mango Chutney, gehackt
6 EL Naturjoghurt
3 EL Schlagsahne
2 EL Mayonnaise
Salz und Pfeffer
1 EL geschlagene Sahne zum Garnieren

VINAIGRETTE

6 EL Haselnußöl
3 EL Apfelessig
1 TL grobkörniger Senf
1 TL sehr feiner Zucker
einige Basilikumblätter, zerpflückt
Salz und Pfeffer

PETERSILIEN-FRÜHLINGSZWIEBEL-DRESSING MIT SAURER SAHNE

150 ml saure Sahne
3 EL Mayonnaise (light)
4 Frühlingszwiebeln, feingehackt
1 EL frische Petersilie, gehackt

1 Für das Curry-Dressing das Öl mit der Currypaste und der Zwiebel in einer Pfanne erhitzen. Die Zwiebel unter Rühren weich dünsten. Vom Herd nehmen und etwas abkühlen lassen.

2 Mangochutney, Joghurt, Sahne und Mayonnaise mischen. Die Currymischung dazugeben und alles gut verrühren. Mit Salz und Pfeffer würzen.

3 Für die Vinaigrette Haselnußöl, Apfelessig, Senf, Zucker und Basilikum in einem kleinen Krug oder einer kleinen Schüssel verquirlen. Mit Salz und Pfeffer würzen.

4 Für das Petersilien-Frühlingszwiebel-Dressing mit saurer Sahne alle Zutaten gut verrühren. Mit Salz und Pfeffer würzen.

5 Die Kartoffeln in schwach gesalzenem Wasser gar kochen. Das Wasser abgießen und die Kartoffeln etwa 5 Minuten abkühlen lassen. Das jeweilige Dressing unterheben, bis die Kartoffeln damit überzogen sind. Mit frischen Kräutern garniert servieren und beim Curry-Dressing mit einem Klecks frisch geschlagener Sahne verzieren.

Schritt *1*

Schritt *2*

Schritt *4*

Bohnensalat

Dieser leckere Salat aus frischen grünen Brechbohnen, Sojabohnen und roten Kidney-Bohnen wird mit einem Dressing aus Tomaten und Schnittlauch zubereitet.

FÜR 4–6 PERSONEN

ZUTATEN

3 EL Olivenöl
1 EL Zitronensaft
1 EL Tomatenmark
1 EL milder Tafelessig
1 EL frischer Schnittlauch, gehackt
175 g grüne Brechbohnen
425 Sojabohnen aus der Dose, gespült und abgetropft
425 g rote Kidney-Bohnen aus der Dose, gespült und abgetropft
2 Tomaten, gehackt
4 Frühlingszwiebeln, gehackt
125 Schafskäse, in Würfel geschnitten
Salz und Pfeffer
verschiedene (grüne) Salatblätter zum Servieren
frischer gehackter Schnittlauch zum Garnieren

1 Olivenöl, Zitronensaft, Tomatenmark, Essig und Schnittlauch in eine große Schüssel geben und gut vermischen.

2 Die grünen Brechbohnen in wenig, schwach gesalzenem Wasser etwa 4–5 Minuten lang gar kochen. Das Wasser abgießen, mit frischem, kaltem Wasser nachfüllen und nochmals abgießen. Trocken tupfen.

3 Die Brechbohnen, Sojabohnen und roten Kidney-Bohnen mit dem Dressing verrühren.

4 Die Tomaten, Frühlingszwiebeln und den Schafskäse vorsichtig untermengen. Mit Salz und Pfeffer würzen.

5 Die verschiedenen Salatblätter auf 4 Tellern verteilen. Den Bohnensalat darauf setzen und mit frischem Schnittlauch garnieren.

Schritt *1*

Schritt *3*

Schritt *4*

Farbenfroher Nudelsalat

Dieser erfrischende Nudelsalat wird mit Rotweinessig, Zitronensaft, Basilikum und Olivenöl fein abgeschmeckt.

FÜR 4 PERSONEN

ZUTATEN

175 g Nudeln
1 gelber Paprika, halbiert und entkernt
2 kleine Zucchini, in Scheiben geschnitten
1 rote Zwiebel, in dünne Ringe geschnitten
125 g Cocktailtomaten, halbiert
1 Handvoll frische Basilikumblätter, in kleine Stücke gezupft
Salz
frische Basilikumzweige zum Garnieren

SALATSAUCE

4 EL Olivenöl
2 EL Rotweinessig
2 TL Zitronensaft
1 TL Dijon-Senf
½ TL sehr feiner Zucker
Salz und Pfeffer

1 Die Nudeln in reichlich Salzwasser etwa 8 Minuten gar kochen.

2 Inzwischen den halbierten Paprika mit der Schale nach oben im vorgeheizten Backofen grillen, bis die Schale aufplatzt. Abkühlen lassen, häuten und in Streifen schneiden.

3 Die Zucchini in wenig schwach gesalzenem Wasser 3–4 Minuten bißfest kochen. Abgießen und unter fließendem, kaltem Wasser rasch abschrecken.

4 Für die Sauce Olivenöl, Rotweinessig, Zitronensaft, Senf und Zucker verrühren. Mit Salz und Pfeffer würzen. Die Basilikumblätter zugeben.

5 Die Nudeln gut abgießen und in eine große Salatschüssel füllen. Die Salatsauce zugeben und gut mit den Nudeln mischen. Paprika, Zucchini, Zwiebel und Cocktailtomaten unterrühren. Zudecken und bei Zimmertemperatur etwa 30 Minuten ziehen lassen.

6 Mit frischen Basilikumzweigen garniert servieren.

Schritt *1*

Schritt *2*

Schritt *4*

Couscoussalat mit Orangen

Couscous ist ein bestimmter Hartweizengrieß.
Er eignet sich vorzüglich für Salate, da er schnell das Aroma der Sauce aufnimmt.

FÜR 4-6 PERSONEN

ZUTATEN

175 g Couscous
1 Bund Frühlingszwiebeln, feingehackt
1 kleiner grüner Paprika, entkernt und gehackt
10 cm Salatgurke, gehackt
175 g Garbanzo-Bohnen aus der Dose, gespült und abgetropft
60 g Sultaninen oder Rosinen
2 Orangen
Salz und Pfeffer
Salatblätter zum Garnieren
frische Minzezweige zum Garnieren

SALATSAUCE

abgeriebene Schale einer Orange
1 EL gehackte Minze
150 ml Naturjoghurt

1 Couscous in einen Topf geben und mit kochendem Wasser bedecken. 15 Minuten quellen lassen, dann mit einer Gabel lockern.

2 Frühlingszwiebeln, Paprika, Gurke, Garbanzo-Bohnen und Sultaninen unter das Couscous rühren, bis sich alle Zutaten gut vermischt haben. Mit Salz und Pfeffer würzen.

3 Für die Salatsauce die abgeriebene Orangenschale, Minze und Joghurt mischen. Über das Couscous gießen und gut unterrühren.

4 Die Orangen mit einem scharfen Messer schälen und die weiße Haut ablösen. In Schnitze zerlegen und die Zwischenhäute entfernen.

5 Die Salatblätter auf vier Tellern verteilen. Die Couscousmasse darauf geben und dekorativ mit den Orangenschnitzen bedeken. Mit frischen Minzezweigen garnieren und servieren.

Schritt *1*

Schritt *2*

Schritt *4*

Salat mit Ziegenkäse-Brot

Ein köstlicher Salat aus geschmolzenem Ziegenkäse auf einem Bett aus Tomatenscheiben und Basilikum, serviert auf Ciabatta-Brot

FÜR 4 PERSONEN

FÜR 4 PERSONEN

Zutaten
3 EL Olivenöl
1 EL Weißweinessig
1 TL schwarze Olivenpaste
1 Knoblauchzehe, zerdrückt
1 TL frischer Thymian, gehackt
1 Laib Ciabatta
4 kleine Tomaten
12 frische Basilikumblätter
2 Ziegenkäselaibchen à 125 g

ZUM SERVIEREN

verschiedene Salatblätter, einschließlich Rauke und Radicchio

1 Für die Sauce Öl, Essig, Olivenpaste, Knoblauch und Thymian in einem Schüttelbecher oder Glas mit Schraubverschluß kräftig schütteln.

2 Das Ciabatta zuerst waagrecht und dann in vier gleiche Teile senkrecht durchschneiden.

3 Die Brothälften mit der Sauce beträufeln, und mit Tomaten und Basilikumblättern belegen.

4 Jeden Laib Ziegenkäse in 6 gleiche Scheiben schneiden und jeweils 3 Scheiben auf ein Stück Brot legen.

5 Mit der Ölmischung bepinseln und im vorgeheizten Backofen bei 230°C/Gasstufe 8 etwa 5–6 Minuten überbacken, bis die Brotränder goldbraun werden.

6 Die restliche Sauce über die gemischten Salatblätter geben und mit dem überbackenen Brot servieren.

Schritt *2*

Schritt *3*

Schritt *4*

SUPPEN

Von allen Speisen bieten Suppen fast das höchste Wohlgefühl. Sie heben deutlich das Befinden und wirken gegen Abgespanntheit, sie sind leicht verdaulich und doch sättigend und können bei einem Essen zu zweit oder für viele Gäste gereicht werden. Suppen sind einfach in der Zubereitung und schmecken immer.
Neben Gemüse können viele weitere Zutaten in einer Suppe verarbeitet werden – z. B. Hülsenfrüchte, Getreide, Nudeln, Käse und Joghurt. Außerdem lassen sich einzelne Zutaten leicht durch andere ersetzen, wenn sie nicht vorrätig sein sollten.
Besonders aus Gemüse lassen sich unzählige Suppen zubereiten. Sie können gehaltvoll und cremig, dicke Eintöpfe, leicht und delikat oder heiß und kalt sein. Das Gemüse wird oft püriert, um die Suppe einheitlich cremig zu machen und anzudicken, aber man kann auch nur einen Teil der Gemüse pürieren, um die Suppe interessanter und doch gehaltvoll zu gestalten.
Das Geheimnis einer guten Suppe ist eine gut gewürzte, einwandfreie Brühe als Grundlage. Obwohl zahlreiche Fertigbrühen im Handel sind, kann doch nur eine selbstgemachte Brühe einer Suppe das „gewisse Etwas" verleihen. Ein Rezept für frische Gemüsebrühe findet sich auf Seite 12.

Avocado-Minze-Suppe

Diese blaßgrüne, gehaltvolle Avocadocremesuppe erhält durch etwas frisch gehackte Minze zusätzliches Aroma. Sie kann im Winter heiß und im Sommer kalt serviert werden.

FÜR 4-6 PERSONEN

ZUTATEN

3 EL Butter oder Margarine
6 Frühlingszwiebeln, in Scheiben geschnitten
1 Knoblauchzehe, zerdrückt
30 g Weißmehl
600 ml Gemüsebrühe (Seite 12)
2 reife Avocados
2–3 TL Zitronensaft
½ TL abgeriebene Zitronenschale
150 ml Milch
1–1½ EL frische Minze, gehackt
Salz und Pfeffer
frische Minzezweige zum Garnieren

MINZE-KNOBLAUCH-TOAST

125 g Butter
1–2 EL frische Minze, gehackt
1–2 Knoblauchzehen, zerdrückt
1 Baguette (aus Vollkorn- oder Weißmehl)

1 Butter oder Margarine in einem großen Topf erhitzen, Frühlingszwiebeln und Knoblauch darin 3 Minuten leicht andünsten, bis sie glasig, aber nicht gebräunt sind.

2 Das Mehl zugeben und etwa 1 Minute einrühren. Mit Brühe ablöschen und zum Kochen bringen. Leicht köcheln lassen, während die Avocados gerichtet werden.

3 Die Avocados schälen, Kern entfernen und grob zerkleinern. Mit Zitronensaft, Zitronenschale und Gewürzen in die Suppe geben. Zudecken und in 10 Minuten weich köcheln lassen.

4 Die Suppe abkühlen lassen, durch ein Sieb streichen oder mit einem Pürierstab glattrühren. In eine Schüssel gießen.

5 Milch und Sahne unterrühren, abschmecken und die Minze zugeben. Zudecken und kalt stellen.

6 Für den Minze-Knoblauch-Toast die Butter schmelzen und mit gehackter Minze und Knoblauch verrühren. Das Baguette schräg einschneiden, so daß es an der Unterseite durch die Kruste zusammengehalten wird. Jede Scheibe mit Butter bestreichen, Baguette dann in Folie wickeln und 15 Minuten im vorgeheizten Backofen bei 180°C/Gasstufe 4 backen.

7 Die Suppe mit einem Minzezweig garnieren und mit Minze-Knoblauch-Toast servieren.

Schritt *2*

Schritt *3*

Schritt *5*

Gazpacho

Pürierte Tomaten bilden die Grundlage für diese spanische Suppe, die auch viele andere gehackte und geriebene Gemüsezutaten enthält. Mit Brotcroûtons oder frischen Gemüsestückchen garnieren.

FÜR 4 PERSONEN

ZUTATEN

½ kleine Gurke
½ kleiner grüner Paprika, sehr fein gehackt
500 g reife Tomaten, geschält oder
425 g Tomaten aus der Dose
½ Zwiebel, grobgehackt
2–3 Knoblauchzehen, zerdrückt
3 EL Olivenöl
2 EL Weißweinessig
1–2 EL Zitronen- oder Limonensaft
2 EL Tomatenmark
450 ml Tomatensaft
Salz und Pfeffer

ZUM SERVIEREN

gehackter grüner Paprika
dünn geschnittene Zwiebelringe
Knoblauch-Croûtons

1 Gurke grob in eine Schüssel raspeln und gehackten grünen Paprika zugeben.

2 Tomaten, Knoblauch und Zwiebel pürieren. Öl, Essig, Zitronen- oder Limonensaft und Tomatenmark zugeben und glattrühren. Die Tomaten können auch gehackt, die Zwiebel gerieben und beides mit Knoblauch, Öl, Essig, Zitronensaft und Tomatenmark verrührt werden.

3 Die Tomatenmischung und den Tomatensaft in die Schüssel mit Gurke und Paprika geben, gut umrühren.

4 Würzen und die Schüssel mit Folie abdecken und mindestens 6 Stunden kalt stellen – vorzugsweise länger, damit sich der Geschmack besser entwickeln kann.

5 Den gehackten, grünen Paprika, die Zwiebelringe und Knoblauch-Croûtons für die Beilage vorbereiten und in kleine Schälchen füllen.

6 Die Suppe möglichst aus einer Terrine mit Schöpfkelle und den „Belag“ aus passenden Beilagenschälchen servieren. So kann jeder seine Suppe nach eigenem Belieben garnieren.

Schritt *2*

Schritt *3*

Schritt *5*

Vichysoisse

Ein klassische Suppe aus Kartoffeln und Lauch. Die zartgrüne Farbe erhält man, wenn man das Lauchgrün nicht verwendet.

FÜR 4-6 PERSONEN

ZUTATEN

3 große Stangen Lauch
3 EL Butter oder Margarine
1 Zwiebel, in dünne Ringe geschnitten
500 g Kartoffeln, in kleine Stücke geschnitten
900 ml Gemüsebrühe (Rezept Seite 12)
2 TL Zitronensaft
1 Messerspitze Muskat
¼ TL gemahlener Koriander
1 Lorbeerblatt
1 Eigelb
150 ml Schlagsahne
Salz und weißer Pfeffer

ZUM GARNIEREN

gehackter Schnittlauch

1 Den Lauch putzen und das meiste Grün entfernen (es kann separat als Gemüse gekocht werden). Das Weiße in sehr feine Ringe schneiden.

2 Butter oder Margarine in einem Topf zerlassen, Lauch und Zwiebel darin 5 Minuten leicht andünsten, ohne sie zu bräunen. Gelegentlich umrühren.

3 Kartoffeln, Brühe, Zitronensaft, Würze, Muskat, Koriander und Lobeerblatt zugeben und zum Kochen bringen. Zudecken und und 30 Minuten köcheln lassen, bis die Kartoffeln weich sind.

4 Leicht abkühlen, Lorbeerblatt aus der Suppe nehmen und die Suppe durch ein Sieb streichen oder mit dem Mixer pürieren. In einen sauberen Topf umfüllen.

5 Das Eigelb mit der Sahne verrühren und etwas Suppe hinzugeben. Die Mischung mit dem Schneebesen unter die Suppe rühren und das Ganze nochmals erhitzen, aber nicht kochen. Abschmecken, abkühlen lassen und kalt stellen.

6 Die Suppe mit gehacktem Schnittlauch bestreuen.

Schritt *1*

Schritt *2*

Schritt *5*

Nudelsuppe mit Pilzen & Ingwer

Thailändische Suppen sind schnell und einfach zubereitet und werden so gekocht, daß man in der fertigen Suppe jede Zutat einzeln herausschmecken kann.

FÜR 4 PERSONEN

ZUTATEN

15 g getrocknete chinesische Pilze
oder 125 g Champignons aus der Dose
1 l Gemüsebrühe (Rezept Seite 12)
150 g chinesische Eiernudeln
2 TL Sonnenblumenöl
3 Knoblauchzehen, zerdrückt
Ingwerwurzel 2,5 cm, feingerieben
½ TL Pilzketchup
1 TL helle Sojasauce
125 g Sojasprossen
Korianderblätter zum Garnieren

1 Die getrockneten chinesischen Pilze mindestens 30 Minuten in 300 ml heißer Gemüsebrühe einweichen. Die Stiele entfernen und wegwerfen, die Köpfe in Scheiben schneiden. Die Brühe aufbewahren.

2 Nudeln 2–3 Minuten in kochendem Wasser garen. Abtropfen lassen und zur Seite stellen.

3 In einem Wok oder einer Pfanne mit hohem Rand das Öl stark erhitzen. Knoblauch und Ingwer zugeben, Pilze zufügen und für 2 Minuten bei starker Hitze rühren.

4 Mit der restlichen Gemüsebrühe und der „Pilzbrühe" ablöschen und zum Kochen bringen. Pilzketchup und Sojasauce unterrühren.

5 Die Sojasprossen in die Brühe geben, bis sie weich sind. Sofort über die Nudeln gießen, mit Korianderblättern garnieren und servieren.

Schritt *2*

Schritt *4*

Schritt *5*

Rote-Bete-Suppe

Hier werden zwei Varianten für Rote-Bete-Suppe vorgestellt – als Cremesuppe aus pürierter roter Bete und die klassische klare Variante: Borschtsch.

FÜR 4–6 PERSONEN

ZUTATEN

BORSCHTSCH

500 g rohe rote Bete, geschält und gerieben
2 Möhren, feingehackt
1 große Zwiebel, feingehackt
1 Knoblauchzehe, zerdrückt
1 Bund Suppengrün
1 l Gemüsebrühe (Rezept Seite 12)
2–3 TL Zitronensaft
Salz und Pfeffer
150 ml saure Sahne zum Servieren

CREMIGE ROTE-BETE-SUPPE

60 g Butter oder Margarine
2 große Zwiebeln, feingehackt
1–2 Möhren, in Würfel geschnitten
2 Stangen Sellerie, in Scheiben geschnitten
500 g rote Bete, in Scheiben geschnitten
1–2 EL Zitronensaft
900 ml Gemüsebrühe, (Seite 12)
300 ml Milch
Salz und Pfeffer

ZUM SERVIEREN

gekochte rote Bete in Streifen
oder 6 EL saure Sahne oder Crème fraîche

1 Für Borschtsch werden die rote Bete, Möhren, Zwiebel, Suppengrün, Brühe, Zitronensaft und Gewürze in einem großen Topf zum Kochen gebracht und bei mittlerer Hitze 45 Minuten zugedeckt geköchelt.

2 Die Suppe durch ein feines Sieb oder Tuch streichen. In einen sauberen Topf füllen. Mit den Gewürzen abschmecken und bei Bedarf Zitronensaft zugeben.

3 Zum Kochen bringen und 1–2 Minuten köcheln lassen. Mit einem Klecks saurer Sahne servieren.

4 Für die cremige Rote-Bete-Suppe Butter oder Margarine in einem Topf zerlassen. Zwiebeln, Möhren und Sellerie darin glasig dünsten.

5 Rote Bete, einen Eßlöffel Zitronensaft, Brühe und die Gewürze zugeben und aufkochen. Zugedeckt 30 Minuten garen.

6 Etwas abkühlen lassen, durch ein Sieb streichen oder mit dem Mixer pürieren. In einen sauberen Topf umfüllen und mit der Milch zum Kochen bringen. Mit den Gewürzen abschmecken und bei Bedarf mit Zitronensaft nachsäuern. Mit Rote-Bete-Streifen und einem Sahneklecks garnieren.

Schritt *1*

Schritt *2*

Schritt *5*

Frischkäsesuppe mit Kräutern

Das beste, was man mit selbstgezogenen Kräutern machen kann – eine Cremesuppe mit herrlichem Gartenaroma.

FÜR 4 PERSONEN

ZUTATEN

2 EL Butter oder Margarine, zerlassen
2 Zwiebeln, gehackt
900 ml Gemüsebrühe (Rezept Seite 12)
30 g frische Kräuter, grobgehackt
z. B. Petersilie, Schnittlauch, Thymian, Basilikum und Oregano
200 g Frischkäse
1 EL Stärkemehl
1 EL Milch
frischer gehackter Schnittlauch zum Garnieren

1 Die Zwiebeln in einem großen Topf unter die zerlassene Butter rühren. 2 Minuten andünsten, zudecken und die Hitze stark reduzieren. Die Zwiebeln 5 Minuten zugedeckt köcheln lassen.

2 Brühe und Kräuter zufügen, kurz aufkochen und bei schwacher Hitze 20 Minuten zugedeckt weiterkochen.

3 Den Topf vom Herd nehmen. Die Suppe im Mixer 15 Sekunden glattrühren oder durch ein Sieb streichen und in den Topf zurückgießen.

4 Den Käse bis auf einen kleinen Rest zum Garnieren mit dem Schneebesen in die Suppe einrühren.

5 Das Stärkemehl mit der Milch verrühren, in die Suppe geben und unter ständigem Rühren eindicken lassen.

6 Die Suppe in vier vorgewärmte Schälchen füllen. Einen Teelöffel Frischkäse darauf setzen und mit gehackten Schnittlauch garnieren.

Schritt *1*

Schritt *2*

Schritt *4*

Dicke grüne Suppe

Diese dicke, gehaltvolle Suppe wird aus verschiedenen grünen Gemüsesorten gekocht und mit gemahlenem Koriander gewürzt. Dünne Lauchringe verleihen der Suppe zusätzliche Konsistenz.

FÜR 4-6 PERSONEN

ZUTATEN

3 EL Butter oder Margarine
1 Zwiebel, gehackt
1-2 Knoblauchzehen, zerdrückt
1 große Stange Lauch
250 g Rosenkohl
125 g grüne Bohnen
1,1 l Gemüsebrühe (Rezept Seite 12)
125 g gefrorene Erbsen
1 EL Zitronensaft
½ TL gemahlener Koriander
4 EL Crème fraîche
Salz und Pfeffer

MELBA-TOAST

4-6 Scheiben Weißbrot

1 Butter oder Margarine in einem Topf erhitzen. Zwiebel und Knoblauch darin weich dünsten, aber nicht bräunen. Gelegentlich umrühren.

2 Die weiße Lauchstange in sehr feine Ringe schneiden und beiseite legen. Den restlichen Lauch, Rosenkohl und Bohnen klein schneiden.

3 Das Grüne des Lauchs, den Rosenkohl und die Bohnenstückchen in den Topf geben, mit Brühe auffüllen und zum Kochen bringen. 10 Minuten leicht kochen.

4 Grüne Erbsen, Würze, Zitronensaft und Koriander zufügen und 10–15 Minuten weiter köcheln lassen, bis die Gemüse gar sind.

5 Die Suppe etwas abkühlen lassen und im Mixer pürieren oder durch ein Sieb streichen. In einen sauberen Topf umfüllen.

6 Die Suppe mit den zurückgelegten Lauchringen nochmals aufkochen und 5 Minuten köcheln lassen. Abschmecken und die Sahne unterrühren.

7 Für den Melba-Toast das von beiden Seiten geröstete Brot waagerecht durchschneiden. Die ungetoastete Seite im Grill toasten, bis sie sich wellt. Sofort mit der Suppe servieren.

Schritt *3*

Schritt *6*

Schritt *7*

Kürbissuppe

Diese typisch amerikanische Suppe erfreut sich inzwischen weltweit großer Beliebtheit. Wenn die Kürbissaison vorbei ist, kann man gelben Squash verwenden.

FÜR 4–6 PERSONEN

ZUTATEN

1 kg Kürbis
3 EL Butter oder Margarine
1 Zwiebel, dünn geschnitten
1 Knoblauchzehe, zerdrückt
900 ml Gemüsebrühe (Rezept Seite 12)
½ TL Ingwer, gemahlen
1 EL Zitronensaft
Orangenschale, in 3–4 dünne Streifen geschnitten (nach Belieben)
1–2 Lorbeerblätter oder 1 Bund Suppengrün
300 ml Milch
Salz und Pfeffer

ZUM GARNIEREN

4–6 EL Schlagsahne oder Crème fraîche, Naturjoghurt oder Quark
gehackter Schnittlauch

1 Kürbis schälen, entkernen und das Fleisch in 2,5 cm große Würfel schneiden.

2 Butter oder Margarine in einem Topf erhitzen und darin Zwiebel und Knoblauch leicht anbraten, bis sie glasig sind; nicht braun werden lassen.

3 Kürbis zufügen und gut mit den Zwiebeln mischen.

4 Mit Brühe übergießen und das Ganze zum Kochen bringen. Mit Ingwer, Zitronensaft, Orangenschale, Lorbeerblättern oder Suppengrün, Salz und Pfeffer würzen. Zugedeckt 20 Minuten bei schwacher Hitze garen, bis der Kürbis sehr weich ist.

5 Orangenschale (falls verwendet), Lorbeerblätter oder Suppengrün entfernen. Die Suppe etwas abkühlen lassen und dann im Mixer pürieren oder durch ein Sieb passieren. In einen sauberen Topf umfüllen.

6 Milch einrühren und nochmals erhitzen. Abschmecken und mit Sahne, Joghurt, Quark und gehacktem Schnittlauch garnieren. Sofort servieren.

Schritt *1*

Schritt *5*

Schritt *6*

Garbanzo-Bohnen & Tomatensuppe

Dieser köstliche Gemüseeintopf schmeckt auch als Hauptgericht. Mit geriebenem Parmesan und heißem Ciabatta-Brot servieren.

FÜR 4 PERSONEN

ZUTATEN

2 EL Olivenöl
2 Stangen Lauch, dünn geschnitten
2 Zucchini, in Würfel geschnitten
2 Knoblauchzehen, zerdrückt
800 g Schältomaten aus der Dose
1 EL Tomatenmark
1 Lorbeerblatt
900 ml Gemüsebrühe (Rezept Seite 12)
425 g abgetropfte Garbanzo-Bohnen aus der Dose
250 g Spinat
30 g Parmesan, gerieben
Salz und Pfeffer
knuspriges Bot zum Servieren

1 Öl erhitzen, Lauch und Zucchini unter ständigem Rühren 5 Minuten anbraten.

2 Mit Knoblauch, Tomaten, Tomatenmark, Lorbeerblatt, Brühe und Garbanzo-Bohnen zum Kochen bringen und 5 Minuten köcheln lassen.

3 Spinat in dünne Streifen schneiden, in die Suppe geben und nochmals 2 Minuten kochen. Nach Belieben würzen.

4 Das Lorbeerblatt entfernen, die Suppe in eine Suppenschüssel umfüllen und mit Parmesan bestreuen. Mit krustigem Brot servieren.

Schritt *1*

Schritt *2*

Schritt *4*

Scharf-saure-Suppe

Eine traditionelle Suppe aus der thailändischen Küche, die im ganzen Land an Straßenecken, in Bars und bei fliegenden Händlern gekauft werden kann.

FÜR 4 PERSONEN

ZUTATEN

1 EL Sonnenblumenöl
250 g geräucherter Tofu, in Scheiben geschnitten
90 g Shiitake-Pilze, in Scheiben geschnitten
2 EL frischer Koriander, gehackt
125 g Brunnenkresse
1 rote Peperoni, in schmalen Ringen zum Garnieren

BRÜHE

1 EL Tamarindenmus
2 getrocknete rote Peperoni, gehackt
2 Limonenblätter, in Hälften gerissen
2,5 cm Ingwerwurzel, geraspelt
5 cm Galgantwurzel, geraspelt
1 Zweig Zitronengras, gehackt
1 Zwiebel, geviertelt
1 l kaltes Wasser

1 Alle Zutaten für die Brühe in einem großen Topf zum Kochen bringen. 5 Minuten köcheln lassen, vom Herd nehmen und absieben. Die Brühe aufheben.

2 In einem Wok oder einer Pfanne mit hohem Rand Tofu bei starker Hitze 2 Minuten in Öl braten. Ständig rühren. Die abgesiebte Brühe zugeben.

3 Mit Pilzen und Koriander 3 Minuten kochen. Die Brunnenkresse zugeben und nochmals 1 Minute kochen. Mit Peperoniringen garnieren und sofort servieren.

Schritt *1*

Schritt *2*

Schritt *3*

SNACKS & APPETITANREGER

In einem bewegten Alltag ist es besonders wichtig, schnell einen Imbiß oder eine andere leichte Mahlzeit zubereiten zu können. Auch wenn man manchmal keine Lust auf ein großes Essen hat, stillt man doch gerne mit einer Kleinigkeit seinen Appetit oder rettet sich damit bis zur nächsten großen Mahlzeit über die Runden. In diesem Kapitel werden eine Reihe köstlicher Rezepte vorgestellt, die sich als stärkender Pausenimbiß, als herzhafte Knabberei zum Aperitif, als Vorspeise, als formloses Mittagessen oder als Partymitbringsel eignen. Sie schmecken bei jeder Gelegenheit und zu jeder Tageszeit, können fast immer im voraus zubereitet werden und fesseln nicht zu lange an die Küche. Zum Probieren reizt der farbenfrohe, aromatische griechische Schafskäsetoast (Seite 72), wenn man mittags in Eile ist oder der köstliche Mittelmeer-Gemüsekuchen (Seite 96) als spätes Abendessen. Bei einer so reichhaltigen Auswahl an Gerichten und Geschmacksrichtungen sollte selbst dem hungrigsten „Fleischesser" das Wasser im Mund zusammenlaufen.

Griechischer Schafskäsetoast

Diese farbenfrohe und aromatische heiße Speise eignet sich vorzüglich als Vorspeise oder als leichtes Mittagessen.

FÜR 6 PERSONEN

ZUTATEN

150 ml Olivenöl
1 große Knoblauchzehe, zerdrückt
1 TL frischer Thymian, gehackt
1 EL Zitronensaft
1 kleine Aubergine, in mundgerechte Stücke geschnitten
1 großer Zucchino, in dicke Scheiben geschnitten
1 kleine Fenchelknolle, in mundgerechte Stücke geschnitten
1 kleiner, roter Paprika, entkernt und in Stücke geschnitten
1 Zwiebel, in schmalen Schnitzen
4 dicke Scheiben Bauernbrot
125 g griechischer Schafskäse (Feta), in Scheiben oder Würfel geschnitten
Salz und Pfeffer
8 entkernte schwarze Oliven, in Streifen geschnitten, zum Garnieren

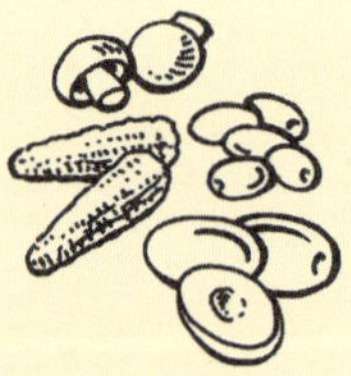

1 Öl mit Knoblauch, Thymian, Zitronensaft, Salz und Pfeffer in einer großen Schüssel verrühren.

2 Die vorbereitete Aubergine, Zucchini, Fenchelknolle, Paprika und Zwiebel dazugeben, mischen und eine Stunde zugedeckt durchziehen lassen. Gelegentlich durchrühren.

3 Die Gemüsemischung auf einem Backblech mit hohem Rand verteilen. Im vorgeheizten Backofen bei mittlerer Hitze etwa 15 Minuten backen. Das Gemüse häufig wenden, bis es weich und von allen Seiten gebräunt ist. Warm halten.

4 Das Brot mit dem gezogenen Gemüsesaft bestreichen und von beiden Seiten goldgelb rösten.

5 Auf jede Scheibe Toast zuerst Schafskäse, dann die gebackene Gemüsemischung streichen.

6 Nochmals für 3–5 Minuten in den Backofen schieben, bis der Käse Blasen wirft. Mit Olivenstreifen garnieren und sofort servieren.

Schritt *3*

Schritt *4*

Schritt *5*

Walnuß-Sandwich

Selbst einfache belegte Brote können mit einer ungewöhnlichen Brotsorte, wie hier Walnußbrot, erstaunlich abwechslungsreich schmecken.

FÜR 1 PERSON

ZUTATEN

2 EL Butter oder Margarine
1 TL Zwiebel, feingehackt
½ TL frische Petersilie, gehackt
oder Schnittlauch, feingeschnitten
4 Scheiben Walnußbrot
90 g Blauschimmelkäse
etwa 6 blaue Trauben
Salz und Pfeffer
Kresse oder Petersilienzweige zum Garnieren

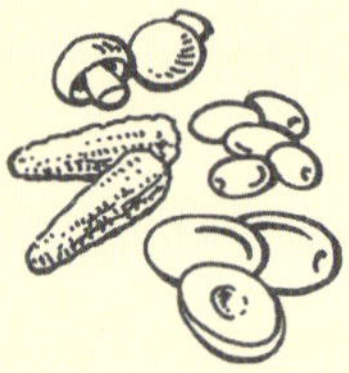

1 Die Butter mit der gehackten Zwiebel, der Petersilie oder dem Schnittlauch cremig schlagen. Mit Salz und Pfeffer würzen.

2 Die Brotscheiben damit bestreichen.

3 Den Blauschimmelkäse in dünne Scheiben schneiden und zwei Brote damit belegen.

4 Die Trauben in die Hälfte schneiden, entkernen und mit der Schnittfläche nach unten auf den Käse legen. Den Käse entlang der Brotkruste abschneiden.

5 Mit den anderen Brotscheiben abdecken und leicht andrücken.

6 Vor dem Servieren durchschneiden und mit Petersilie und Kresse garnieren.

7 Blauschimmelkäse ist der beste Belag für Nußbrot mit Trauben. Falls dieser Käse nicht schmecken sollte, kann er durch einen würzigen Hartkäse, z. B. Cheddar, ersetzt werden.

Schritt *1*

Schritt *3*

Schritt *4*

Vegetarisches Pausenbrot

Vegetarische Vesperdosen müssen nicht nach Kaninchenfutter aussehen – Obst, Gemüse und Milchprodukte können auch mit viel Phantasie kombiniert werden.

FÜR 2 PERSONEN

ZUTATEN

60 g Erdnußcreme
60 g Frischkäse
1 kleine Möhre
1 Stange Sellerie
4 grüne Oliven
eine kleine Handvoll Luzerne- oder Bohnensprossen
½ kleiner, roter Apfel
2 TL Zitronensaft
2 Vollkornbrötchen

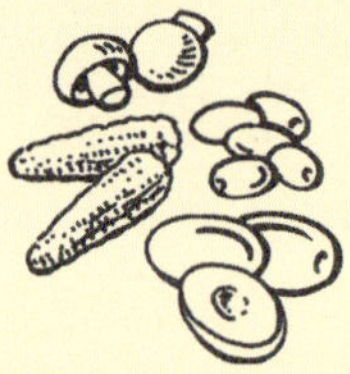

1 Erdnußcreme und Frischkäse in einer kleinen Schüssel zu einer glatten Paste verrühren.

2 Möhre raspeln, Sellerie hacken und Oliven in Ringe schneiden. Mit einen Holzlöffel gut in die Paste einarbeiten.

3 In einer zweiten Schüssel Sprossen mit Zitronensaft beträufeln. Den Apfel entkernen und in Stücke schneiden. Zu den Sprossen geben und gut mischen.

4 Brötchen waagrecht durchschneiden und jede Unterhälfte großzügig mit der Gemüse-Erdnuß-Paste bestreichen.

5 Die Sprossen-Apfel-Mischung je zur Hälfte auf die Brötchen verteilen, die obere Brötchenhälfte darüber klappen und leicht andrücken.

Schritt *1*

Schritt *3*

Schritt *5*

Ricotta-Spinat-Taschen

Ricotta und Spinat lassen sich zu köstlichen Speisen kombinieren und schmecken besonders in leichtem Blätterteig.

FÜR 4 PERSONEN

ZUTATEN

350 g Spinat, zerpflückt und gewaschen
2 EL Butter
1 kleine Zwiebel, feingehackt
1 TL grüne Pfefferkörner
500 g Blätterteig
250 g Ricotta
1 Ei, verquirlt
Salz
verschiedene Kräuterzweige zum Garnieren
rohes Gemüse als Beilage

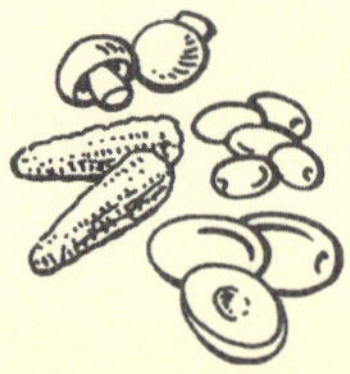

1 Den Spinat in einem großen Topf mit etwas Salz und sehr wenig Wasser weich kochen. Abtropfen lassen, abkühlen und überschüssiges Wasser mit der Rückseite eines Löffels ausdrücken. Grob hacken.

2 Butter zerlassen und Zwiebel darin andünsten. Die grünen Pfefferkörner zugeben und nochmals 2 Minuten dünsten. Den Topf vom Herd nehmen und den Spinat gut unter die Butter rühren.

3 Den Blätterteig auf der leicht bemehlten Arbeitsplatte ausrollen und in vier gleich etwa 7 cm lange Quadrate schneiden. Ein Viertel der Spinatmischung jeweils in die Mitte der Teigquadrate setzen, ein Viertel Ricotta darüber häufen.

4 Die Teigränder mit Ei bestreichen, die Ecken einschlagen und fest zusammendrücken. Die fertigen Taschen auf ein gefettetes Backblech setzen, mit Ei bestreichen und im vorgeheizten Backofen bei 200°C/Gasstufe 6 etwa 20–25 Minuten goldgelb backen.

5 Heiß mit frischen Kräuterzweigen garnieren und mit rohem Gemüse servieren.

Schritt *1*

Schritt *3*

Schritt *4*

Blumenkohlroulade

Diese luftig-leichte Mischung aus Ei und Gemüse kann zu einem eleganten vegetarischen Gericht verarbeitet werden, das heiß oder kalt gut schmeckt.

FÜR 6 PERSONEN

ZUTATEN

1 kleiner Blumenkohl, in Röschen zerlegt
4 Eier, getrennt
90 g alter Cheddar, gerieben
60 g Hüttenkäse
1 gehäufte Messerspitze Muskat
½ TL Senfpulver
Salz und Pfeffer

FÜLLUNG

1 Bund Brunnenkresse, kleingeschnitten
60 g Butter
30 g Mehl
175 ml Naturjoghurt
30 g Cheddar, gerieben
60 g Hüttenkäse

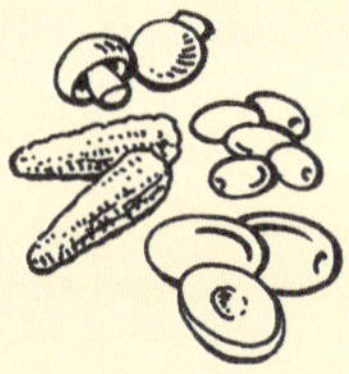

1 Backblech mit Backpapier auslegen.

2 Blumenkohl kurz in Dampf garen, bis er weich ist. Unter kaltem Wasser abschrecken und mit einem Handrührgerät pürieren oder mit der Hand hacken und durch ein Sieb streichen.

3 Eigelb schaumig schlagen. Blumenkohl, 60 g alten Cheddar und den Hüttenkäse unterrühren. Mit Muskat, Senfpulver, Salz und Pfeffer würzen. Eiweiß steif schlagen, unter die Blumenkohlmischung heben.

4 Die Masse gleichmäßig auf dem Backblech verstreichen und im vorgeheizten Backofen bei 200°C/Gasstufe 6 etwa 20–25 Minuten goldgelb backen.

5 Die Brunnenkresse fein hacken, dabei wenige Zweige zum Garnieren zur Seite legen. Butter in einem kleinen Topf zerlassen. Die Brunnenkresse unter ständigen Rühren 3 Minuten darin dünsten. Mehl und Joghurt einrühren, 2 Minuten köcheln lassen. Käse unterrühren.

6 Die Roulade auf ein mit Backpapier bedecktes, feuchtes Küchentuch stürzen. Das Backpapier auf der Oberseite entfernen und den Dampf etwa 1 Minute entweichen lassen. Die Roulade mit einem frischen Backpapier in Längsrichtung aufrollen.

7 Die Roulade wieder auseinanderrollen, die Füllung darauf verstreichen, einen 2,5 cm breiten Rand aussparen und aufrollen. Auf ein Backblech setzen, mit dem restlichen Cheddar bestreuen und nochmals 5 Minuten backen. Heiß oder kalt servieren.

Schritt *4*

Schritt *6*

Schritt *7*

Blätterteigpastete mit Pilzen

Diese knusprige Blätterteigpastete mit einer einfachen Füllung aus Sahne und zarten Pilzen kann bei jeder Party Bewunderung erregen.

FÜR 4 PERSONEN

ZUTATEN

500 g Blätterteig, aufgetaut (Tiefkühlware)
1 Ei, verquirlt, zum Bestreichen

FÜLLUNG

30 g Butter oder Margarine
750 g gemischte Pilze, z. B. Champignons, Steinpilze, Maronenröhrlinge, Pfifferlinge oder Shiitake, in Scheiben
6 EL trockener Weißwein
4 EL Crème fraîche
2 EL frischer Kerbel, gehackt
Salz und Pfeffer
frische Kerbelzweige zum Garnieren

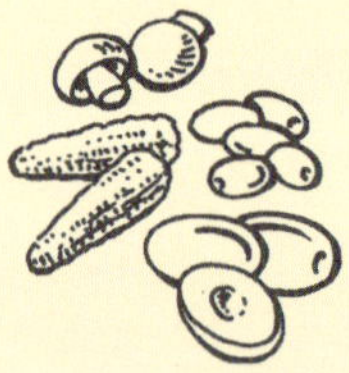

1 Den Teig auf einer leicht bemehlten Arbeitsfläche zu einem 8 cm großen Quadrat ausrollen.

2 Mit einem scharfen Messer 2,5 cm innerhalb der Außenkanten die Hälfte der Teigplatten durchschneiden.

3 Die Innenfläche mit diagonalen Messerstrichen einritzen. Den Teig mit einem scharfen Messer über die äußeren Ecken von der Arbeitsfläche lösen und auf ein Backblech setzen. Die Oberfläche mit Ei bestreichen. Vorsicht, daß das Ei nicht in die eingeschnitte Fuge läuft. Im vorgeheizten Backofen bei 220°C/Gasstufe 7 35 Minuten backen.

4 Das innere Quadrat vorsichtig aus dem äußeren lösen. Den weichen Teig aus der Pastetenhülle entfernen, ohne den Boden zu beschädigen. Mit dem Deckel nochmals 10 Minuten backen.

5 Währenddessen wird die Füllung zubereitet. Butter oder Margarine in einer Pfanne zerlassen und die Pilze bei starker Hitze etwa 3 Minuten darin anbraten.

6 Den Wein zugeben und 10 Minuten kochen. Gelegentlich umrühren, bis die Pilze weich sind. Sahne, Kerbel und Würze unterziehen. In die Pastete füllen, mit dem Teigdeckel zudecken, garnieren und servieren.

Schritt *3*

Schritt *4*

Schritt *6*

Ziegenkäse mit Walnüssen in warmer Vinaigrette

In diesem köstlichen Salat werden weicher Ziegenkäse und Walnußhälften auf einem Bett aus gemischten Salatblättern serviert.

FÜR 4 PERSONEN

ZUTATEN

90 g Walnüsse, halbiert
gemischte Salatblätter
125 g weicher Ziegenkäse
gehackter Schnittlauch zum Garnieren

VINAIGRETTE

6 EL Walnußöl
3 EL Weißweinessig
1 EL Honig
1 TL Dijon-Senf
1 Prise gemahlener Ingwer
Salz und Pfeffer

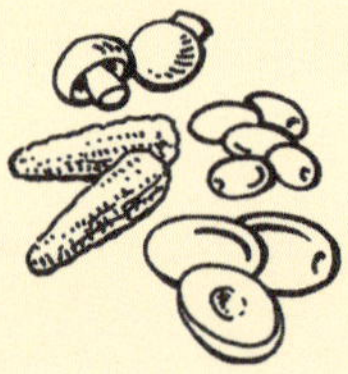

1 Für die Vinaigrette Walnußöl, Weißweinessig, Honig, Senf und Ingwer mit dem Schneebesen in einem kleinen Topf verrühren. Nach Belieben würzen.

2 Die Mischung unter Rühren erhitzen. Sobald sie warm ist, Walnußhälften zufügen und weitere 3–4 Minuten erhitzen.

3 Die Salatblätter auf vier Tellern verteilen und löffelweise Ziegenkäse darauf setzen. Die Walnußhälften aus der Vinaigrette abschöpfen und über die Salatblätter streuen.

4 Die warme Vinaigrette in einen kleinen Krug umfüllen. Den Salat mit Schnittlauch bestreuen und mit der Vinaigrette servieren.

Schritt *2*

Schritt *3*

Schritt *4*

Soufflé aus Lauch & getrockneten Tomaten

Cappelini oder Spaghetti werden mit gebratenem Lauch, getrockneten Tomaten, frischem Oregano und verquirlten Eiern in Souffléförmchen gebacken.

FÜR 4 PERSONEN

ZUTATEN

90 g Cappellini („Engelshaar")
30 g Butter
1 EL Olivenöl
1 große Stange Lauch, feingeschnitten
60 g getrocknete Tomaten in Öl, abgetropft und gehackt
1 EL frischer Oregano, gehackt oder 1 TL getrockneter Oregano
2 Eier, verquirlt
90 ml Schlagsahne
1 EL Parmesan, frisch gerieben
Salz und Pfeffer
frische Oreganozweige zum Garnieren
Salatblätter zum Servieren

TOMATENSAUCE

1 kleine Zwiebel, feingehackt
1 kleine Knoblauchzehe, zerdrückt
350 g Tomaten, geschält und gehackt
1 TL italienische Kräutermischung
4 EL trockener Weißwein

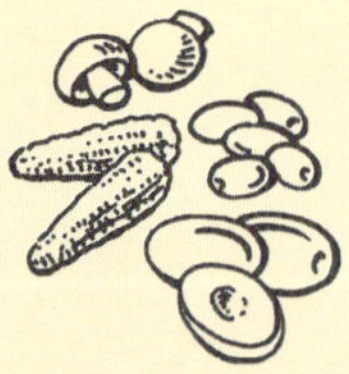

1 Die Nudeln in reichlich Salzwasser bißfest garen (etwa 3 Minuten). Abgießen und gut abtropfen lassen.

2 Inzwischen die Butter oder Margarine in einer Pfanne zerlassen. Den Lauch ungefähr 5–6 Minuten darin anschwitzen und 2 weitere Minuten zusammen mit den getrockneten Tomaten und Oregano dünsten. Pfanne vom Herd nehmen.

3 Lauchmischung über die Nudeln geben. Mit verquirlten Eiern, Sahne und Parmesan vermengen, mit Salz und Pfeffer würzen. In vier gefettete Souffléförmchen füllen.

4 Die Förmchen in eine Bratenschale stellen, die mit warmem Wasser gefüllt wird, bis die Förmchen halbhoch im Wasser stehen. Im vorgeheizten Backofen bei 180°C/Gasstufe 4 etwa 30 Minuten stocken lassen.

5 Öl und Butter in der Pfanne nochmals erhitzen. Zwiebel und Knoblauch anbraten, Tomaten und Kräuter hinzufügen und mit dem Wein ablöschen. Zugedeckt bei schwacher Hitze etwa 20 Minuten eindicken lassen. Durch ein Sieb streichen oder pürieren.

6 Die Soufflés mit einem scharfen Messer oder Spatel aus den Förmchen lösen und auf vier Teller stürzen. Etwas Sauce darüber gießen und mit Oreganozweigen garnieren. Mit Salatblättern servieren.

Schritt *2*

Schritt *5*

Schritt *6*

Tofu-Gemüse-Spießchen

Geräucherte Tofuwürfel werden mit knackigem Gemüse auf Bambushölzchen gespießt, mit Zitronensaft und Olivenöl bestrichen und kurz gegrillt.

FÜR 6 PERSONEN

ZUTATEN

300 g geräucherter Tofu, in Würfeln
1 großer roter und 1 gelber Paprika, entkernt und in kleinen Stücken
175 g Pilzhüte, abgerieben
1 kleiner Zucchino, in Scheiben geschnitten
Schale und Saft von einer Zitrone
3 EL Olivenöl
1 EL frische Petersilie, gehackt
1 TL sehr feiner Zucker
Salz und Pfeffer
Petersilienzweige zum Garnieren

DIP

125 g Cashewnüsse
1 EL Butter
1 Knoblauchzehe, zerdrückt
1 Schalotte, feingehackt
1 TL gemahlener Koriander
1 TL gemahlener Kreuzkümmel
1 EL sehr feiner Zucker
1 EL Kokosraspeln
150 ml Naturjoghurt

1 Tofuwürfel, Paprika, Pilze und Zucchinistücke aufspießen. In eine flache Schale legen.

2 Zitronenschale, Zitronensaft, Öl, Petersilie und Zucker mischen, mit Salz und Pfeffer abschmecken. Die Marinade über die Spieße gießen und diese damit bestreichen. 10 Minuten einziehen lassen.

3 Für den Dip die Cashewnüsse auf ein Backblech verteilen und goldbraun rösten.

4 Die Butter in einem Topf schmelzen lassen und Knoblauch sowie Schalotte darin goldgelb dünsten. In der Küchenmaschine mit Nüssen, Koriander, Kreuzkümmel, Zuker, Kokosraspeln und Joghurt glattrühren. Die Nüsse können auch von Hand gehackt und mit den übrigen Zutaten verrührt werden.

5 Die Spieße im vorgeheizten Grill goldgelb garen. Dabei häufiger wenden und mit der Marinade bestreichen. Mit Petersilienzweigen garnieren und mit dem Cashew-Dip servieren.

Schritt *1*

Schritt *2*

Schritt *4*

Spinatpfannkuchen

Diese Pfannkuchen eignen sich als leichtes Mittag- oder Abendessen und sind in der farbenfrohen Kombination mit Tomaten-Basilikum-Salat auch etwas fürs Auge.

FÜR 4 PERSONEN

ZUTATEN

90 g Weizenvollkornmehl
1 Ei
150 ml Naturjoghurt
3 EL Wasser
1 EL Pflanzenöl, zusätzlich Öl zum Bestreichen
200 g Tiefkühlspinat, aufgetaut
1 Messerspitze gemahlener Muskat
Salz und Pfeffer

ZUM GARNIEREN

Zitronenschnitze
frische Korianderzweige

FÜLLUNG

1 EL Pflanzenöl
3 Frühlingszwiebeln, dünn geschnitten
250 g Ricotta
4 EL Naturjoghurt
90 g Gruyère, gerieben
1 Ei, verquirlt
125 g ungesalzene Cashewnüsse
2 EL frische Petersilie, gehackt
1 Prise Cayennepfeffer

1 Das Mehl mit Salz in eine Schüssel sieben. Eier, Joghurt, Wasser und Öl verquirlen. In das Mehl einrühren. Den aufgetauten Spinat zugeben, mit Pfeffer und Muskat abschmecken.

2 Für die Füllung Öl in einer Pfanne erhitzen. Zwiebeln darin glasig dünsten, mit einem Schöpflöffel aus dem Fett nehmen und auf Küchenpapier abtropfen lassen. Ricotta, Joghurt und die Hälfte des Gruyère vermengen, Ei unterheben, Cashewnüsse und Petersilie zugeben. Mit Salz und Cayennepfeffer würzen.

3 Eine kleine Bratpfanne dünn mit Öl ausstreichen und erhitzen. 3–4 EL Pfannkuchenteig in der Pfanne schwenken, bis der Pfannenboden bedeckt ist. Sobald der Teig Blasen wirft, wenden und die andere Seite goldgelb backen. Den Pfannkuchen auf einen vorgewärmten Teller gleiten lassen, mit Folie abdecken und warm stellen. Ergibt 8–10 Pfannkuchen.

4 Jeden Pfannkuchen mit Füllung bestreichen und zweimal zur Hälfte zusammenklappen. Die restliche Füllung in die entstandene Tasche löffeln.

5 Eine flache feuerfeste Form fetten und mit den Pfannkuchen auslegen. Den restlichen Käse darüber streuen und im vorgeheizten Backofen ungefähr 15 Minuten backen. Mit Zitronenschnitzen und Korianderzweigen garnieren und heiß servieren.

Schritt *3*

Schritt *4*

Schritt *5*

Butter-Torteletts mit Schafskäse

Mit Tomaten, Schafskäse, Wachteleiern und Oliven gefüllte, knusprigen Teigschälchen sind schnell zubereitet und schmecken köstlich.

FÜR 4 PERSONEN

ZUTATEN

8 Scheiben Weißbrot
125 g Butter, zerlassen
125 g Schafskäse, in kleine Würfel geschnitten
4 Cocktailtomaten, in Schnitze geschnitten
8 grüne oder schwarze Oliven, entkernt
8 Wachteleier, hartgekocht
2 EL Olivenöl
1 EL Weinessig
1 TL süßer Senf
1 Prise sehr feiner Zucker
Salz und Pfeffer
frische Petersilienzweige zum Garnieren

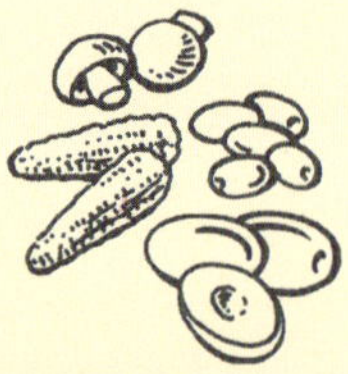

1 Vom Brot die Rinde entfernen und quadratische Scheiben zurechtschneiden. Mit einer Kuchenrolle flachrollen.

2 Das Brot mit der Butter bestreichen und in die Vertiefungen eines Muffin–Blechs drücken. Mit Aluminiumfolie bedecken, um während des Backens die Form zu sichern. Die Brot-Torteletts nach 10 Minuten bei 190°C/Gasstufe 5, oder wenn sie goldbraun sind, aus dem Ofen nehmen.

3 Inzwischen Schafskäse, Tomaten und Oliven mischen. Die Eier schälen und vierteln. Olivenöl, Essig, Senf und Zucker verrühren, mit Salz und Pfeffer abschmecken.

4 Die Brot-Torteletts aus dem Backofen nehmen, Folie entfernen und abkühlen lassen.

5 Kurz vor dem Servieren mit der Käse-Tomaten-Mischung füllen. Zuletzt die Ei-Viertel darauf setzen, mit Dressing beträufeln und mit Petersilie garnieren.

Schritt *1*

Schritt *2*

Schritt *5*

Auberginen-Pilz-Spieße mit Erdnuß-Dip

Gegrillte Gemüsespieße werden am besten mit Teufelssauce serviert.

FÜR 4 PERSONEN

ZUTATEN

2 Auberginen,
in 2,5 cm große Stücke geschnitten
175 g kleine Steinpilzchampignons

MARINADE

1 TL Kreuzkümmel
1 TL Koriandersamen
2,5 cm Ingwerwurzel, gerieben
2 Knoblauchzehen, zerdrückt
½ Stange Zitronengras, grobgehackt
4 EL Sojasauce
8 EL Sonnenblumenöl
2 EL Zitronensaft

ERDNUß-DIP

½ TL Kreuzkümmel
½ TL Koriandersamen
3 Knoblauchzehen
1 kleine Zwiebel, in Vierteln
1 EL Zitronensaft
1 TL Salz
½ rote Peperoni,
entkernt und in Streifen geschnitten
120 ml Kokosmilch
250 g Erdnußcreme mit Stückchen
250 ml Wasser

1 Auberginenstücke und Steinpilzchampignons abwechselnd auf 8 Spieße stecken. Holzspieße vorher 5 Minuten in heißem Wasser einweichen.

2 Für die Marinade Kreuzkümmel, Koriandersamen, Ingwer, Knoblauch und Zitronengras im Mörser zerstoßen. In einen Wok oder eine große Pfanne geben und unter Rühren bei starker Hitze braten, bis die Gewürze stark duften. Vom Herd nehmen und die restliche Marinade-Zutaten untermengen.

3 Die Spieße in eine Glasschüssel legen und mit der Marinade beträufeln. Mindestens 2 Stunden, besser bis zu 8 Stunden marinieren.

4 Für den Erdnuß-Dip Kreuzkümmel, Koriander und Knoblauch in einem Mörser zerstoßen. Die Zwiebeln fein hacken und unterrühren. Die restlichen Zutaten mit Ausnahme des Wassers entsprechend ihrer Reihenfolge zugeben.

5 In einen Topf umfüllen und das Wasser einrühren. Aufkochen und bis zur gewünschten Konsistenz eindicken lassen. In eine Servierschüssel umfüllen.

6 Die Spieße auf ein Backblech legen und im vorgeheizten Backofen auf höchster Stufe 15–20 Minuten grillen. Häufig mit der Marinade bestreichen und einmal wenden. Mit Erdnuß-Dip servieren.

Schritt *2*

Schritt *3*

Schritt *5*

Mittelmeer-Gemüsekuchen

Ein knuspriger Tomatenteig mit einer schmackhaften Gemüse-Käse-Füllung macht diesen Kuchen zum Genuß für Augen und Gaumen.

FÜR 6 PERSONEN

ZUTATEN

1 Aubergine, in Scheiben geschnitten
2 EL Salz
4 EL Olivenöl
1 Knoblauchzehe, zerdrückt
1 großer gelber Paprika, entkernt und in Ringe geschnitten
300 ml Spaghettisauce aus dem Glas
125 g getrocknete Tomaten, in Öl eingelegt abgetropft und bei Bedarf halbiert
175 g Mozzarella, abgetropft und in dünne Scheiben geschnitten

TEIG

250 g Weißmehl
1 Prise Selleriesalz
125 g Butter oder Margarine
2 EL Tomatenmark
2–3 EL Milch

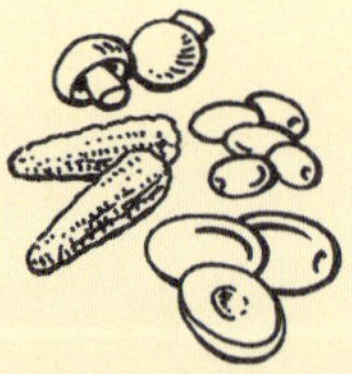

1 Mehl und Selleriesalz in eine Schüssel sieben, die Butter unterrühren, bis die Masse krümelig ist.

2 Tomatenmark in der Milch lösen, die Mischung mit dem Mehl verrühren und zu einem festen Teig kneten. Zugedeckt 30 Minuten kalt stellen.

3 Eine Springform (28 cm) fetten. Den Teig auf einer leicht bemehlten Arbeitsfläche ausrollen. Die Springform damit auslegen. Den Boden mit einer Gabel einstechen, den Rand glätten. Nochmals für 30 Minuten kalt stellen.

4 Währenddessen die Auberginenscheiben in eine Schüssel schichten und mit Salz bestreuen. 30 Minuten ziehen lassen.

5 Den Teig bei 200°C/Gasstufe 6 etwa 20–25 Minuten goldgelb backen. Aus dem Backofen nehmen und die Ofentemperatur auf 230°C/Gasstufe 8 erhöhen.

6 Die Auberginen mit Wasser abspülen und trocken tupfen. 3 El Öl in der Pfanne erhitzen, Auberginen, Knoblauch und Paprika etwa 5–6 Minuten darin bißfest braten. Auf Küchenpapier abtropfen lassen.

7 Den Teig mit Spaghettisauce bestreichen und mit dem angebratenen Gemüse, den getrockneten Tomaten und Mozzarella auslegen. Mit dem restlichen Öl bestreichen und 5 Minuten backen, bis der Käse gerade beginnt zu schmelzen.

Schritt 2

Schritt 6

Schritt 7

Auberginenröllchen mit Basilikum & Mozzarella

Auberginen werden in dünne Scheiben geschnitten, in Olivenöl und Knoblauch gebraten und mit einer Pesto-Mozzarella-Mischung gefüllt.

FÜR 4 PERSONEN

ZUTATEN

2 Auberginen,
längs in dünne Scheiben geschnitten
5 EL Olivenöl
1 Knoblauchzehe, zerdrückt
4 EL Pesto
175 g Mozzarella, gerieben
Basilikumblätter, in kleine Stückchen gerissen
Salz und Pfeffer
frische Basilikumblätter zum Garnieren

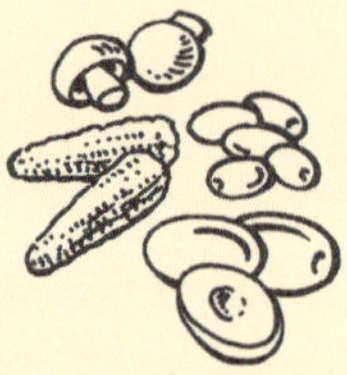

1 Die Auberginenscheiben großzügig salzen und 10–15 Minuten ziehen lassen, damit sie ihren bitteren Geschmack verlieren. Dasselbe mit der anderen Seite wiederholen. Unter reichlich kaltem Wasser abspülen, auf Küchenpapier abtropfen lassen.

2 Das Olivenöl in einer großen Pfanne erhitzen, Knoblauch zugeben. Die Auberginenscheiben von beiden Seiten leicht anbraten. Abtropfen lassen.

3 Pesto auf jeweils eine Seite der Auberginenscheiben streichen. Mit Mozarella und Basilikum bestreuen, mit Salz und Pfeffer würzen. Die Scheiben aufrollen und mit einem Zahnstocher aus Holz zusammenhalten.

4 Die Röllchen in eine gefettete, feuerfeste Form legen. Im vorgeheizten Backofen bei 180°C/Gasstufe 4 etwa 8–10 Minuten baken.

5 Die Röllchen auf eine vorgewärmte Platte setzen, mit frischem Basilikum garnieren und sofort servieren.

Schritt *2*

Schritt *3*

Schritt *4*

Knuspriges Gemüse mit süß-scharfer Chilisauce

Die thailändische Sauce eignet sich vorzüglich als Dip für pfannengerührtes Gemüse in zartem Teigmantel.

FÜR 4 PERSONEN

ZUTATEN

Pflanzenöl zum Pfannenrühren
500 g gemischtes Gemüse, z. B. Blumenkohl, Brokkoli, Pilze, Zucchini, Paprika und Maiskölbchen in gleich großen Stücken

TEIG

125 g Weißmehl
½ TL Salz
1 TL sehr feiner Zucker
1 TL Backpulver
3 EL Gemüseöl
200 ml warmes Wasser

SAUCE

6 EL Tafelessig
2 EL thailändische Fischsauce oder Sojasauce
2 EL Wasser
1 EL brauner Zucker
1 Prise Salz
2 Knoblauchzehen, zerdrückt
2 TL Ingwer, gerieben
2 rote Chillies (Peperoni), entkernt und feingehackt
2 EL frische Korianderblätter, gehackt

1 Für den Teig gesiebtes Mehl, Salz, Zucker und Backpulver in eine große Schüssel geben. Das Öl und das meiste Wasser einrühren, bis ein glatter, relativ flüssiger Teig entsteht. Falls nötig, Wasser nachgießen. 20–30 Minuten kalt stellen.

2 Inzwischen die Sauce vorbereiten. Dazu Essig, Fisch- oder Sojasauce, Wasser, Zucker und Salz aufkochen. Vom Herd nehmen und abkühlen lassen.

3 Knoblauch, Ingwer, Chillies und Koriander in eine kleine Schüssel geben und mit der abgekühlten Essigmischung übergießen. Umrühren.

4 Das Pflanzenöl in einem Wok oder einer Friteuse erhitzen. Die vorbereiteten Gemüsestückchen in den Teig tauchen und portionsweise etwa 2 Minuten fritieren, bis sie knusprig-golden sind. Auf Küchenpapier abtropfen lassen.

5 Das Gemüse mit der Sauce servieren.

Schritt *2*

Schritt *3*

Schritt *4*

Fritierter Tofu mit Erdnußsauce

Dieses Gericht eignet sich gut für gesellige Runden – stellt man es mitten auf den Tisch, kann sich jeder Gast mit Hilfe von kleinen Spießchen selbst bedienen.

FÜR 4 PERSONEN

ZUTATEN

500 g marinierter oder gewöhnlicher Tofu
2 EL Reisessig
2 EL Zucker
1 TL Salz
3 EL Erdnußcreme
½ TL Chiliflocken
3 EL Grillsauce
1 l Sonnenblumenöl
2 EL Sesamöl

TEIG

4 EL Weißmehl
2 Eier, verquirlt
4 EL Milch
½ TL Backpulver
½ TL Chilipulver

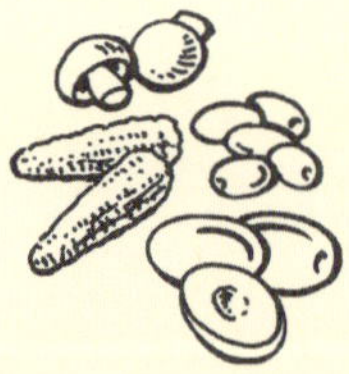

1 Den Tofu in 2,5 cm große Dreiecke schneiden. Zur Seite stellen.

2 Essig, Zucker und Salz in einem Topf verrühren. Zum Kochen bringen und 2 Minuten köcheln lassen. Vom Herd nehmen. Erdnußbutter, Chiliflocken und Grillsauce unterrühren.

3 Für den Teigmantel Mehl mit dem Backpulver in eine Schüssel sieben. In die Mitte eine Vertiefung drücken. Eier und Milch in die Vertiefung geben, das Mehl vom Rand her langsam einrühren. Chilipulver dazugeben.

4 Beide Öle im Wok oder der Friteuse erhitzen, bis sich an der Oberfläche ein leichter Film bildet.

5 Die Tofudreiecke in den Teig tauchen und goldgelb fritieren. Auf Küchenpapier abtropfen lassen. Mit der Erdnußsauce servieren.

Schritt *1*

Schritt *2*

Schritt *5*

NUDELGERICHTE

Nudeln zählen heute zu den abwechslungsreichsten und beliebtesten Nahrungsmitteln. Nudeln werden frisch oder getrocknet in verschiedenen Farben und Geschmacksrichtungen, Formen und Größen angeboten, jeweils passend zu einer ganz bestimmten Sauce. Beispielsweise passen flache Bandnudeln gut zu Sahne- oder Käsesaucen; Makkaroni oder andere Hohlformen passen zu Saucen mit Gemüsestücken, die sie besser aufnehmen können. Vollkornnudeln sind herzhafter und wegen ihres höheren Ballaststoffgehalts sehr wertvoll. Nudeln eignen sich ausgezeichnet, wenn kein großer Aufwand ums Kochen gemacht werden soll – sie schmecken und sind nahrhaft. Nudeln sind immer schnell gekocht und bilden eine gute Grundlage, die auf unterschiedlichste Weise aufgewertet werden kann. Neben „Rennern" wie Makkaroni-Käse-Auflauf (Seite 110) und schnellen Abendmahlzeiten wie Frühlingsgemüse mit Tofu-Fusilli (Seite 112), können Nudeln auch mit Kräutern, Nüssen, Hülsenfrüchten und anderen Zutaten zubereitet werden – das Ergebnis sind immer interessante und wohlschmeckende Mahlzeiten.

Dreifarbige Tagliatelle mit Brokkoli-Gorgonzolasauce

Die einfachsten und besten Mahlzeiten sind Nudelgerichte wie diese köstliche Mischung aus Tagliatelle und Käse.

FÜR 4 PERSONEN

ZUTATEN

300 g bunte Tagliatelle, getrocknet (Hartweizengrieß, Spinat und Tomaten)
250 g Brokkoli, in kleine Röschen zerlegt
350 g Mascarpone
125 g Gorgonzola (oder anderer Blauschimmelkäse), zerkrümelt
1 EL frischer Oregano, gehackt
2 EL Butter
Salz und Pfeffer
frische Oreganozweige zum Garnieren
frisch geriebener Parmesan zum Servieren

1 Die Tagliatelle in reichlich Salzwasser bißfest garen. In Italien sagt man dazu al dente, was buchstäblich übersetzt soviel wie „auf den Zahn“ bedeutet.

2 Inzwischen die Brokkoliröschen in wenig schwach gesalzenem Wasser garen. Vorsicht, daß die Röschen durch zu langes Kochen ihre Farbe und Form nicht verlieren.

3 Mascarpone und Gorgonzola bei schwacher Hitze in einem Topf zerlassen. Oregano unterrühren, mit Salz und Pfeffer würzen.

4 Die Nudeln abgießen und gut abtropfen lassen. In den Topf zurückschütten und in Butter schwenken. Brokkoli abtropfen lassen und mit der Sauce über die Tagliatelle geben. Leicht mischen.

5 Auf vier vorgewärmten Tellern verteilen. Mit frischen Oregaozweigen garnieren und mit frisch geriebenem Parmesan servieren.

Schritt *1*

Schritt *3*

Schritt *4*

Nudeln mit Pinienkernen und Blauschimmelkäse

Dieses einfache, schnelle und preiswerte Nudelgericht kann schon nach wenigen Minuten serviert werden.

FÜR 4 PERSONEN

ZUTATEN

60 g Pinienkerne (Nüsse)
350 Nudeln, getrocknet
2 Zucchini, in Scheiben geschnitten
125 g Brokkoli, in Röschen zerlegt
200 g Frischkäse
150 ml Milch
1 EL frisches Basilikum, gehackt
125 g Champignons, in Scheiben geschnitten
90 g Blauschimmelkäse, zerkrümelt
Salz und Pfeffer
frische Basilikumzweige zum Garnieren

BEILAGE

Blattsalat

1 Die Pinienkerne auf ein Backblech streuen und von allen Seiten goldbraun rösten.

2 Die Nudeln in reichlich Salzwasser 8–10 Minuten bißfest kochen. Gleichzeitig Zucchini und Brokkoli mit wenig Wasser und Salz ungefähr 5 Minuten garen.

3 Den Frischkäse unter ständigem Rühren schmelzen. Milch einrühren.

4 Basilikum und Pilze dazugeben und bei schwacher Hitze 2–3 Minuten kochen. Blauschimmelkäse zufügen, mit Salz und Pfeffer würzen.

5 Nudeln und Gemüse abtropfen lassen und mischen. In einer Schüssel mit der Sauce übergießen und mit Pinienkernen bestreuen. Leicht mischen. Mit Basilikumblättern garnieren und mit grünem Salat servieren.

Schritt *1*

Schritt *3*

Schritt *4*

Makkaroni-Käse-Auflauf

Dieses altbewährte, typische Familiengericht ist ausgesprochen aromatisch und mit einem knackigen Salat ein köstliches und schnelles Abendessen.

FÜR 4 PERSONEN

ZUTATEN

600 ml Béchamelsauce (Seite 12)
250 g Makkaroni
1 Ei, verquirlt
125 g alter Cheddar, gerieben
1 EL süßer Senf
2 EL frischer Schnittlauch, gehackt
4 Tomaten, in Scheiben geschnitten
125 g milder Hartkäse, gerieben
60 g Blauschimmelkäse, zerkrümelt
2 EL Sonnenblumenkerne
Salz und Pfeffer
frische Schnittlauchstreifen zum Garnieren

1 Die Béchamelsauce kochen, in eine Schüssel füllen und mit Folie abdecken, damit sich keine Haut bildet. Zur Seite stellen.

2 Salzwasser zum Kochen bringen und die Makkaroni darin 8–10 Minuten bißfest kochen. Gut abtropfen lassen und in eine feuerfeste Form füllen.

3 Das verquirlte Ei, Cheddar, Senf, Schnittlauch und Gewürze in die Béchamelsauce rühren. Die Mischung gleichmäßig auf die Makkaroni verteilen. Mit einer Lage in Scheiben geschnittenen Tomaten abschließen.

4 Den milden Hartkäse, Blauschimmelkäse und Sonnenblumenkerne darüber streuen und im vorgeheizten Backofen bei 190°C/Gasstufe 5 etwa 20–25 Minuten backen, bis der Auflauf Blasen wirft und die Kruste goldgelb ist. Mit Schnittlauch garnieren und sofort servieren.

Schritt *2*

Schritt *3*

Schritt *4*

Frühlingsgemüse mit Tofu-Fusilli

Dieses einfache, dezente Nudelgericht aus grünem Gemüse, Tofu und Nudeln wird nur leicht in Olivenöl geschwenkt.

FÜR 4 PERSONEN

ZUTATEN

250 g grüner Spargel
125 g Zuckerschoten
250 g Buschbohnen
1 Stange Lauch
250 g dicke Bohnen ohne Hülsen
300 g getrocknete Fusilli
2 EL Olivenöl
230 g Butter oder Margarine
1 Knoblauchzehe, zerdrückt
250 g Tofu, in 2,5 cm große Würfel geschnitten
60 g grüne Oliven, entkernt und abgetropft
Salz und Pfeffer
frisch geriebener Parmesan zum Servieren

1 Alles Gemüse in Stücke schneiden – den Spargel 5 cm lang, die Zuckerschoten diagonal in kleine Streifen, die Buschbohnen 2,5 cm lang und den Lauch in feine Ringe.

2 Einen großen Topf mit Wasser zum Kochen bringen, den Spargel, Buschbohnen und dicke Bohnen zugeben. Sobald das Wasser wieder siedet, Gemüse weitere 4 Minuten kochen. Mit einem Schöpflöffel herausnehmen und mit kaltem Wasser abschrecken. Beiseite stellen.

3 Wasser leicht salzen und die Fusilli darin für 8–9 Minuten bißfest garen. Abtropfen lassen, in einem Eßlöffel Öl schwenken und gut würzen.

4 Inzwischen das restliche Öl und die Butter in einem Wok oder einer großen Pfanne erhitzen. Lauch, Knoblauch und Tofu 1–2 Minuten leicht anbraten.

5 Die Zuckerschoten zufügen und eine Minute mitdünsten.

6 Die gekochten Gemüse und die Oliven zugeben und auf höchster Stufe noch eine Minute kochen. Vorsichtig Nudeln und Gewürze unterheben und eine Minute erhitzen. Auf einen vorgewärmten Teller füllen, mit Parmesan bestreuen und servieren.

Schritt *1*

Schritt *4*

Schritt *6*

Nudeln provenzalische Art

Eine mediterrane Mischung aus roten Paprika, Zwiebeln und Zucchini, Olivenöl und Nudeln, mit Käse überbacken.

FÜR 4 PERSONEN

ZUTATEN

3 EL Olivenöl
1 Zwiebel, in Scheiben geschnitten
2 Knoblauchzehen, gehackt
3 rote Paprika, entkernt und in Streifen geschnitten
3 Zucchini, in Scheiben geschnitten
425 g Schältomaten aus der Dose, in Stücken
3 EL Tomatenmark
2 EL frisches Basilikum, gehackt
250 g frische Spiralnudeln
125 g Gruyére, gerieben
Salz und Pfeffer
frische Basilikumspitzen zum Garnieren

1 Das Öl in einer Pfanne oder feuerfesten Form erhitzen. Zwiebel und Knoblauch darin dünsten. Paprika und Zucchini zugeben und 5 Minuten braten. Gelegentlich rühren.

2 Tomaten, Tomatenmark, Basilikum und Gewürze einrühren. Zugedeckt 5 Minuten kochen.

3 Währenddessen die Nudeln in reichlich Salzwasser sprudelnd garen. Gut abtropfen lassen und mit dem Gemüse mischen, bis alle Nudeln mit Sauce getränkt sind.

4 Die Mischung in eine flache feuerfeste Form geben und mit dem Käse bestreuen.

5 Im vorgeheizten Backofen 5 Minuten auf Grillstufe backen, bis der Käse goldbraun ist. Mit Basilikumspitzen garnieren und servieren.

Schritt *1*

Schritt *3*

Schritt *4*

Pfannengerührte Nudeln nach Thai-Art

Diese Gericht soll die thailändische Nationalspeise sein und ist daher überall erhältlich – ein Schnellgericht das im Vorbeigehen verzehrt werden kann.

FÜR 4 PERSONEN

ZUTATEN

250 g getrocknete Reisnudeln
2 rote Peperoni, entkernt und feingehackt
2 Schalotten, feingehackt
2 EL Zucker
2 EL Tamarindenwasser
1 EL Limonensaft
2 EL Sojasauce
schwarzer Pfeffer
1 EL Sonnenblumenöl
1 TL Sesamöl
175 g geräucherter Tofu, in Würfel geschnitten
2 EL geröstete Erdnüsse zum Garnieren

1 Die Reisnudeln laut Packungshinweis kochen oder 5 Minuten in kochendem Wasser ziehen lassen.

2 In einem Mörser Peperoni, Schalotten, Zucker, Tamarindenwasser, Limonensaft, Sojasauce und schwarzen Pfeffer zerreiben.

3 Beide Öle gemeinsam in einem Wok oder einer Pfanne sehr stark erhitzen. Den Tofu darin 1 Minute unter Rühren braten.

4 Die Peperonimischung zufügen, zum Kochen bringen und unter Rühren eindicken lassen.

5 Die Reisnudeln abgießen und in die Bratmischung geben. Mit zwei Löffeln gut mischen, bis sie nicht mehr dampfen. Mit Erdnüssen garniert sofort servieren.

Schritt *2*

Schritt *4*

Schritt *5*

Gebratene Nudeln mit Sojasprossen, Schnittlauch & Chillies

So einfach werden in Thailand gewöhnliche Nudelbeilagen aufgewertet.

FÜR 4 PERSONEN

ZUTATEN

500 g mittelbreite Eiernudeln
60 g Sojasprossen
15 g Schnittlauch
3 EL Sonnenblumenöl
1 Knoblauchzehe, zerdrückt
4 grüne Chillies, entkernt, in Streifen geschnitten und in 2 EL Reisessig eingeweicht
Salz

1 Nudeln 10 Minuten in kochendendem Wasser garen. Abtropfen lassen und zur Seite stellen.

2 Bis der Schnittlauch in 2,5 cm lange Streifen geschnitten ist, Sojasprossen in kaltem Wasser einweichen. Einige Schnittlauchstreifen zum Garnieren beiseite legen. Die Sojasprossen gut abtropfen lassen.

3 Das Öl in einem Wok oder einer großen Pfanne erhitzen. Den Knoblauch einrühren, dann die Chillies zugeben, bis sie ihren Duft entfalten (etwa 1 Minute).

4 Sojasprossen zugeben, umrühren. Nudeln, Salz und Schnittlauch unterrühren. Dazu die Nudeln mit zwei Löffeln fassen und anheben. Etwa 1 Minute unterheben.

5 Das fertige Gericht mit dem zurückgelegten Schnittlauch garnieren und sofort servieren.

Schritt *1*

Schritt *3*

Schritt *4*

Hülsenfrüchte & Getreide

Als „Getreide“ bezeichnet man die kultivierten Gräser und deren Samen (Körner). Hülsenfrüchte dagegen sind die getrockneten Samen einer hülsenbildenden Pflanzenfamilie, der Leguminosen. Zusammen bilden sie weltweit die wichtigsten Hauptnahrungsmittel. Zum Getreide zählen Weizen, Mais, Gerste, Roggen, Hafer, Buchweizen und viele Reissorten sowie die dazugehörigen Mehle. Zu den Hülsenfrüchten gehören Garbanzo-Bohnen, gelbe und grüne Erbsen, eine bemerkenswerte Vielfalt weiterer Bohnen und verschiedene Linsenarten. Körner und Hülsenfrüchte sind eine nahrhafte Grundlage, die mit anderen Zutaten ergänzt werden kann. Alle haben ein typisches Aroma und eine eigene Konsistenz, so daß es sich lohnt, einmal mit weniger bekannten Sorten zu experimentieren. Diese wertvollen Nahrungsmittel sind eine hervorragende Quelle für Eiweiß, Eisen, Kalzium und die verschiedenen Vitamine der B-Gruppe. Sie enthalten fast kein Fett. Für jeden, der Wert auf eine gesunde Ernährung legt, gehören diese Nahrungsmittel daher unbedingt auf den Speiseplan.

Orientalisches Hirse-Pilaw

Pilaw mit Hirse ist eine interessante Alternative zum herkömmlichen Reispilaw. Dazu reicht man am besten einen knackigen, orientalischen Gemüsesalat.

FÜR 4 PERSONEN

ZUTATEN

300 g Hirse
1 EL Pflanzenöl
1 Bund Frühlingszwiebeln, gehackt
1 Knoblauchzehe, zerdrückt
1 TL geriebene Ingwerwurzel
1 oranger Paprika, entkernt und in Streifen geschnitten
600 ml Wasser
1 Orange, unbehandelt
125 g Datteln, entkernt und gehackt
2 TL Sesamöl
125 g Cashewnüsse, geröstet
2 EL Kürbiskerne
Salz und Pfeffer
Orientalischer Gemüsesalat zum Servieren

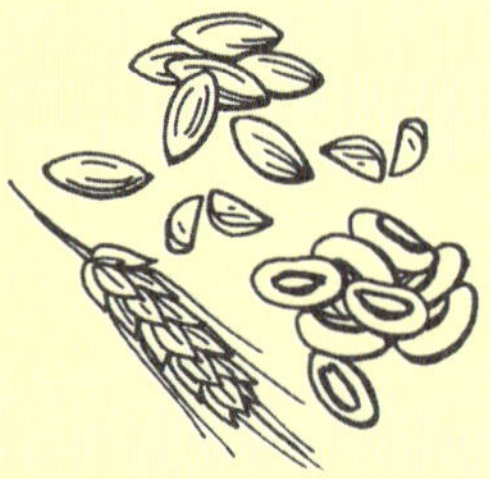

1 Die Hirse bei mittlerer Hitze in einem großen Topf 4–5 Minuten unter gelegentlichem Rütteln rösten, bis die Körner platzen und im Topf springen.

2 In einem zweiten Topf das Öl erhitzen und die Frühlingszwiebeln, Knoblauch, Ingwer und Paprika darin 2–3 Minuten anbraten. Die Hirse hinzufügen und mit Wasser aufgießen.

3 Die Orange mit einem Gemüseschäler schälen. Schale und den ausgepreßten Orangensaft ins Gemüse rühren. Das Ganze gut würzen.

4 Zum Kochen bringen, Hitze reduzieren und zugedeckt 20 Minuten köcheln lassen, bis alle Flüssigkeit aufgenommen ist. Vom Herd nehmen, Datteln und Sesamöl unterrühren und noch 10 Minuten ziehen lassen.

5 Die Orangenschale entfernen. Die Cashewnüsse unterrühren. In eine Servierschüssel füllen, mit Kürbiskernen bestreuen und mit orientalischem Gemüsesalat servieren.

Schritt *1*

Schritt *3*

Schritt *4*

Garbanzo-Erdnuß-Bällchen mit scharfer Chilisauce

Die Bällchen mit den sättigenden Erdnußstücken schmecken köstlich mit einer fettfreien, würzig scharfen Sauce.

FÜR 4 PERSONEN

ZUTATEN

3 EL Erdnußöl
1 Zwiebel, feingehackt
1 Stange Sellerie, gehackt
1 TL getrocknete Kräuter
250 g geröstete, ungesalzene Erdnüsse, gemahlen
175 g Garbanzo-Bohnen aus der Dose, abgetropft und püriert
1 TL Hefeextrakt
60 g frische Brotwürfel aus Mehrkornbrot
1 Eigelb
30 g Weißmehl
frische, rote Chilistreifen zum Garnieren

SCHARFE CHILISAUCE

2 TL Erdnußöl
1 große, rote Chilischote, entkernt und feingehackt
2 Frühlingszwiebeln, feingehackt
2 EL Rotweinessig
200 g Tomaten aus der Dose, grob zerkleinert
2 EL Tomatenmark
2 TL sehr feiner Zucker
Salz und Pfeffer

ZUM SERVIEREN

Reis
Blattsalat

1 Einen Eßlöffel Öl in der Pfanne erhitzen, Zwiebel und Sellerie darin 3–4 Minuten goldgelb braten.

2 Alle anderen Zutaten ohne Mehl und das restliche Öl in eine Schüssel geben. Zwiebel und Sellerie unterrühren.

3 Aus der Mischung zwölf etwa gleich große Bällchen formen. In Mehl wälzen.

4 Das restliche Öl in einer Pfanne erhitzen. Die Garbanzo-Bällchen bei mittlerer Hitze 15 Minuten unter häufigem Wenden durchbraten, bis sie goldbraun sind. Auf Küchenpapier abtropfen lassen.

5 Währenddessen für die Chilisauce die feingehackte Chilischote und Zwiebeln 2–3 Minuten in Öl dünsten. Die restlichen Zutaten dazugeben und würzen. Zum Kochen bringen, Hitze reduzieren und 5 Minuten köcheln lassen.

6 Die Garbanzo-Erdnuß-Bällchen mit scharfer Chilisauce, Reis und grünem Salat servieren.

Schritt *2*

Schritt *3*

Schritt *4*

Scharfer indonesischer Reissalat

Eine interessante Kombination aus leicht nussigem Naturreis, einer süß-sauren Mischung aus Obst und Gemüse und scharfer Erdnußsauce.

FÜR 4 PERSONEN

ZUTATEN

300 g Naturreis
425 g Ananas in Stücken aus der Dose, abgetropft
1 Bund Frühlingszwiebeln, gehackt
1 roter Paprika, entkernt und in Stücke geschnitten
125 g Sojasprossen
90 g Erdnüsse, trocken geröstet
125 g Radieschen, in dünne Scheiben geschnitten

DRESSING

2 EL Erdnußcreme mit Stückchen
1 EL Erdnußöl
2 EL helle Sojasauce
2 EL Weißweinessig
2 TL flüssiger Honig
1 TL Chilipulver
½ TL Knoblauchsalz
Pfeffer

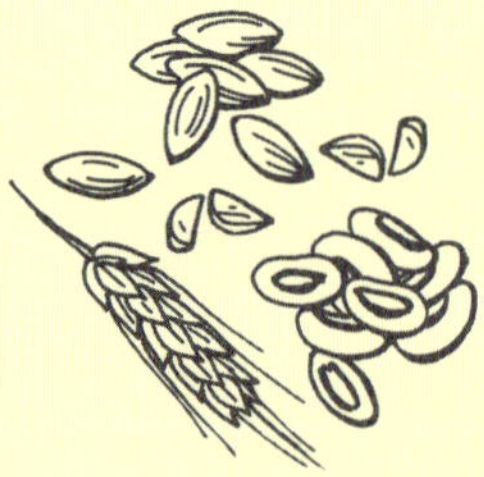

1 Den Reis in einem großen Topf mit Wasser zum Kochen bringen. Zugedeckt 30 Minuten bei schwacher Hitze garen.

2 Währenddessen alle Zutaten für das Dressing in einer kleinen Schüssel einige Sekunden mit dem Schneebesen glattrühren.

3 Den Reis abgießen und in eine hitzebeständige Schüssel füllen. Die Zutaten für das Dressing in einem kleinen Topf 1 Minute lang erhitzen, über den Reis gießen und alles gut vermischen.

4 Schnell die Ananas, Frühlingszwiebeln, Paprika, Sojasprossen und Erdnüsse unterrühren.

5 Auf einer vorgewärmten Platte mit einem Kranz aus Radieschenscheiben anrichten und sofort servieren.

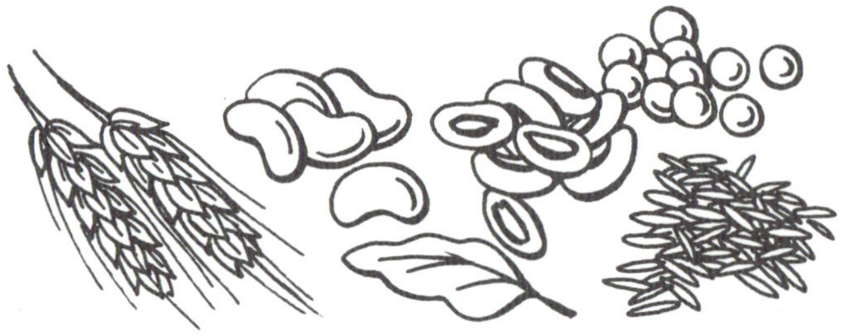

Schritt *2*

Schritt *3*

Schritt *4*

Pilz-Parmesan-Risotto

Am besten schmeckt dieser cremige Risotto mit italienischem Arborio-Reis und frisch geriebenem Parmesan.

FÜR 4 PERSONEN

ZUTATEN

2 EL Oliven- oder Pflanzenöl
250 g Arborio-Reis
2 Knoblauchzehen, zerdrückt
1 Zwiebel, gehackt
2 Stangen Sellerie, gehackt
1 roter oder grüner Paprika, entkernt und in Stücke geschnitten
250 g Champignons, in Scheiben geschnitten
1 EL Oregano, frisch gehackt
1 l Gemüsebrühe (Rezept Seite 12)
60 g sonnengetrocknete Tomaten in Olivenöl, abgetropft und zerkleinert (nach Belieben)
60 g Parmesan, frisch gerieben
Salz und Pfeffer

ZUM GARNIEREN

ein Zweig glatte Petersilie
frische Lorbeerblätter

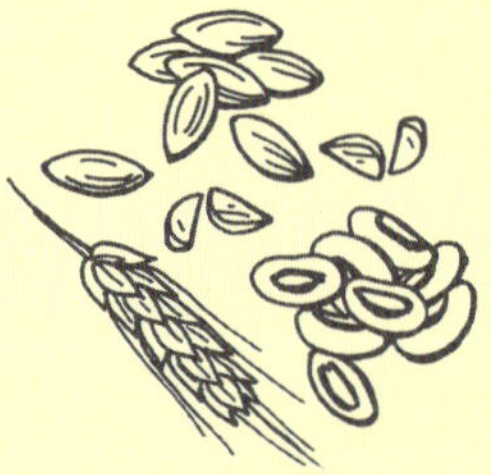

1 In einer großen Pfanne oder einem Wok den Reis unter Rühren 5 Minuten kochen.

2 Knoblauch, Zwiebel, Sellerie, Paprika mit dem Reis nochmals 5 Minuten unter Rühren braten. Pilze dazugeben und 3–4 Minuten mitgaren.

3 Die Mischung mit Oregano und Brühe verrühren und zum Kochen bringen. Sofort die Hitze reduzieren und 20 Minuten köcheln lassen, bis der Reis gar und leicht cremig ist.

4 Die sonnengetrockneten Tomaten (nach Belieben) zugeben und das Ganze mit den Gewürzen abschmecken. Die Hälfte des Parmesans unterrühren, mit dem restlichen Parmesan bestreuen. Mit Petersilie und Lorbeerblättern garnieren.

Schritt *1*

Schritt *3*

Schritt *4*

Käse-Grieß-Küchlein mit würzigem Apfel-Relish

Diese köstlichen Bratlinge nach abgewandelten Gnocchi-Rezept sollten mit selbstgemachtem Apfel-Relish serviert werden.

FÜR 4 PERSONEN

ZUTATEN

600 ml Milch
1 kleine Zwiebel
1 Stange Sellerie
1 Lorbeerblatt
2 Gewürznelken
125 g Weizengrieß
125 g alter Cheddar, gerieben
½ TL Senfpulver
2 EL Weißmehl
1 Ei, verquirlt
60 g Semmelbrösel aus Weißbrot
6 EL Pflanzenöl
Salz und Pfeffer
Sellerieblätter zum Garnieren
Krautsalat als Beilage

APFEL-RELISH

2 Stangen Sellerie, gehackt
2 kleine Äpfel, entkernt und in kleine Stücke geschnitten
90 g Sultaninen
90 g getrocknete Aprikosen, gehackt
6 EL Apfelessig
1 Prise Nelkenpulver
½ TL gemahlener Zimt

1 Die Milch mit Zwiebel, Sellerie, Lorbeer und Nelken zum Kochen bringen. Vom Herd nehmen und 15 Minuten abkühlen lassen.

2 Durch ein Sieb in einen anderen Topf streichen, erneut zum Kochen bringen. Den Grieß unter ständigem Rühren einrieseln lassen. Die Hitze reduzieren und 5 Minuten eindicken lassen. Gelegentlich umrühren, daß die Masse nicht ansetzt.

3 Den Topf vom Herd nehmen. Käse, Senfpulver und Gewürze unterrühren. In eine gefettete Schüssel füllen und abkühlen lassen.

4 Für das Relish alle Zutaten in einem Topf zum Kochen bringen und zugedeckt 20 Minuten garen. Abkühlen lassen.

5 Mehl, Ei und Semmelbrösel in drei Teller geben. Aus der abgekühlten Grießmasse acht runde Küchlein formen, bei Bedarf die Handflächen mit Mehl bestauben.

6 Erst leicht in Mehl, dann in Ei und zuletzt in den Semmelbröseln wälzen. In heißem Öl von beiden Seiten 3–4 Minuten goldgelb braten. Auf Küchenpapier abtropfen lassen. Mit Sellerieblättern garnieren, mit dem Relish und Krautsalat servieren.

Schritt *2*

Schritt *5*

Schritt *6*

Würziger Reis-Bohnen-Salat

Bei diesem farbenfrohen Salat aus Reis, roten Kidney-Bohnen und den typischen Cajun-Gewürzen spürt man den Geschmack der amerikanischen Südstaaten.

FÜR 4 PERSONEN

ZUTATEN

175 g Langkornreis
4 EL Olivenöl
1 kleiner grüner Paprika, entkernt und in Stücke geschnitten
1 kleiner roter Paprika, entkernt und in Stücke geschnitten
1 Zwiebel, feingehackt
1 kleine rote oder grüne Peperoni, entkernt und feingehackt
2 gehackte Tomaten
125 g rote Kidney-Bohnen aus der Dose, abgespült und abgetropft
1 EL frisches Basilikum, gehackt
2 El gehackter frischer Thymian (getrocknet 1 TL)
1 TL Cajun-Gewürz
Salz und Pfeffer
frische Basilikumzweige zum Garnieren

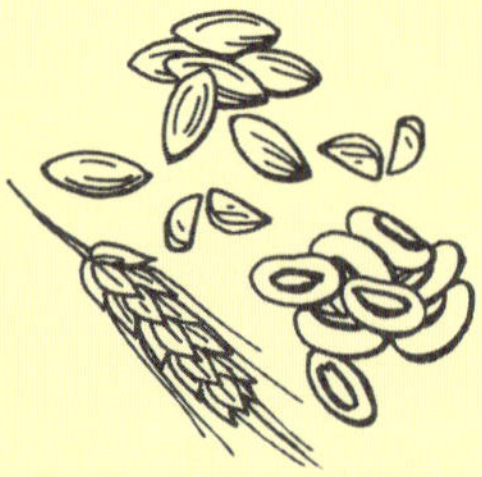

1 Den Reis in reichlich leicht gesalzenem Wasser gar kochen. Nach ungefähr 12 Minuten abgießen und gut abtropfen lassen.

2 Inzwischen das Olivenöl in einer Pfanne erhitzen. Zwiebel mit grünem und rotem Paprika etwa 5 Minuten weich dünsten.

3 Peperoni und Tomaten dazugeben, nochmals 2 Minuten dünsten.

4 Die Gemüsemischung und die Kidney-Bohnen unter den Reis heben und alles gut vermischen.

5 Den Salat mit den gehackten Kräutern und dem Cajun-Gewürz vermengen, mit Salz und Pfeffer würzen und mit frischen Basilikumzweigen servieren.

Schritt *2*

Schritt *4*

Schritt *5*

Eier-Garbanzo-Curry

Dieses vegetarische Curry läßt sich einfach zubereiten. Mit der doppelten Menge kann man bequem und gut eine ganze Gesellschaft verköstigen.

FÜR 4 PERSONEN

ZUTATEN

2 EL Pflanzenöl
2 Knoblauchzehen, zerdrückt
1 große Zwiebel, gehackt
1 große Möhre, in Scheiben geschnitten
1 Apfel, entkernt und in Stücke geschnitten
2 EL mittelscharfes Currypulver
1 TL feingeriebene Ingwerwurzel
2 TL Paprikapulver
900 ml Gemüsebrühe (Rezept Seite 12)
2 EL Tomatenmark
½ kleiner Blumenkohl, in Röschen zerlegt
475 g Garbanzo-Bohnen aus der Dose, abgespült und abgetropft
30 g Sultaninen oder Rosinen
2 EL Speisestärke
2 EL Wasser
4 hartgekochte Eier, geviertelt
Salz und Pfeffer
Paprikapulver zum Garnieren

GURKEN-DIP

7,5 cm Salatgurke, feingehackt
1 EL frische Minze, gehackt
150 ml Naturjoghurt
frische Minzezweige zum Garnieren

1 Das Öl in einem großen Topf erhitzen. Knoblauch, Zwiebel, Möhre und Apfel darin 4–5 Minuten weich dünsten.

2 Currypulver, Ingwerwurzel und Paprikagewürz dazugeben und 1 Minute anbraten.

3 Mit Gemüsebrühe und Tomatenmark auffüllen.

4 Blumenkohl, Garbanzo-Bohnen und Sultaninen (oder Rosinen) in die Brühe geben. Aufkochen, die Hitze reduzieren und bei schwacher Hitze zugedeckt 25–30 köcheln lassen, bis das Gemüse gar ist.

5 Stärkemehl und Wasser verquirlen und das Gemüse unter ständigem Rühren damit eindicken. 2 Minuten kochen lassen. Mit den Gewürzen abschmecken.

6 Für den Dip die Gurke, Minze und das Joghurt in einer kleinen Schüssel verrühren.

7 Das Curry auf vier vorgewärmten Tellern verteilen und mit den Eiern garnieren. Mit etwas Paprikapulver bestreuen. Den Gurken-Dip mit frischer Minze garnieren und zum Curry servieren.

Schritt *2*

Schritt *3*

Schritt *4*

Pesto-Reis mit Knoblauchbrot

Dieses Gericht aus verschiedenen Reissorten, kombiniert mit Pinienkernen, Basilikum und frisch geriebenem Parmesan, ist einen Versuch wert.

FÜR 4 PERSONEN

ZUTATEN

300 g Langkornreis mit Wildreis
frische Basilikumzweige zum Garnieren
Tomaten-Orangen-Salat zum Servieren

PESTO

15 g frisches Basilikum
125 g Pinienkerne (Nüsse)
2 Knoblauchzehen, zerdrückt
6 EL Olivenöl
60 g Parmesankäse, frisch gerieben
Salz und Pfeffer

KNOBLAUCHBROT

2 kleine Brötchen oder Vollkornbaguette
90 g weiche Butter oder Margarine
2 Knoblauchzehen, zerdrückt
1 TL getrocknete Kräuter

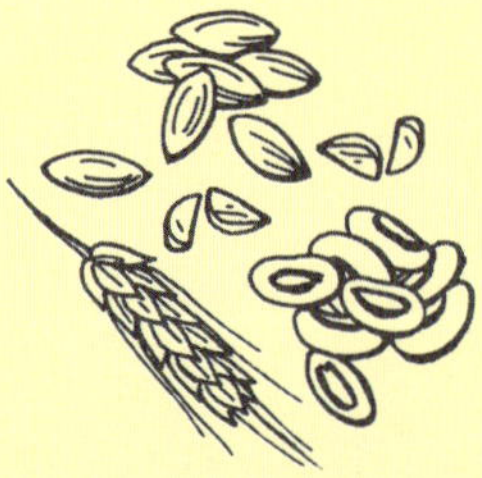

1 Den Reis entsprechend dem Packungshinweis in Wasser kochen. Sobald er gar ist, abgießen und warm stellen.

2 Für den Pesto die Basilikumblätter von den Stengeln lösen und fein hacken. 30 g Pinienkerne zurücklegen, den Rest hacken. Mit dem zerpflückten Basilikum und den übrigen Zutaten mischen. Alternativ können alle Zutaten mit der Küchenmaschine zu einer glatten Paste verarbeitet werden. Beiseite stellen.

3 Für das Knoblauchbrot Baguette in Abständen von 2,5 cm einschneiden. Die Butter oder Margarine mit Knoblauch, Kräutern und Gewürzen verrühren und großzügig zwischen die Scheiben streichen.

4 Das Brot in Folie einschlagen und im vorgeheizten Backofen bei 200°C/Gasstufe 6 etwa 10–15 Minuten backen.

5 Vor dem Servieren die restlichen Pinienkerne 2–3 Minuten goldgelb rösten. Den Pesto mit dem heißen Reis vermischen. In eine vorgewärmte Schüssel füllen, mit den gerösteten Pinienkernen bestreuen und mit Basilikumzweigen garnieren. Mit Knoblauchbrot und Tomaten-Orangen-Salat servieren.

Schritt *2*

Schritt *3*

Schritt *5*

Gebratener Chatuchak-Reis

Dieses Gericht bietet die beste Gelegenheit, um übriggebliebenen Reis zu verwerten. Nach der letzten Mahlzeit eingeforen, kann er jederzeit verarbeitet werden.

FÜR 4 PERSONEN

ZUTATEN

1 EL Sonnenblumenöl
3 Schalotten, feingehackt
2 Knoblauchzehen, zerdrückt
1 rote Peperoni, entkernt und feingehackt
2,5 cm Ingwerwurzel, feingerieben
½ grüner Paprika, entkernt und in dünne Streifen geschnitten
150 g Aubergine, in Stücke geschnitten
90 g Zuckererbsen, zurechtgeschnitten und blanchiert
90 g Maiskölbchen, in Längsrichtung halbiert und blanchiert
1 Tomate, in Achtel geschnitten
90 g Sojasprossen
500 g gekochter thailändischer Jasminreis
2 EL Tomatenketchup
2 EL helle Sojasauce

ZUM GARNIEREN

frische Korianderzweige
Limonenschnitze

1 Öl in einem Wok oder einer großen Pfanne sehr stark erhitzen. Schalotten, Knoblauch, Peperoni und Ingwer darin braten, bis die Schalotten weich sind.

2 Grünen Paprika und Aubergine dazugeben. Ständig rühren. Zuckererbsen, Maiskölbchen, Tomaten und Sojasprossen hinzufügen, 3 Minuten weiterrühren.

3 Mit zwei Löffeln den Reis in die Pfanne geben, rühren und unterheben, bis nach 4–5 Minuten kein Dampf mehr entweicht. Tomatenketchup und Sojasauce dazugeben.

4 Mit Korianderzweigen und Limonenschnitzen garnieren und sofort servieren. Den Limonensaft nach Belieben über den Reis träufeln.

Schritt *1*

Schritt *2*

Schritt *3*

Königscouscous

Ein unvergeßlicher Genuß, besonders wenn dieses Meisterwerk den Mittelpunkt eines Festessens nach marokkanischer Art bildet.

FÜR 6 PERSONEN

ZUTATEN

3 Möhren
3 Zucchini
350 g Kürbis oder Squash
1,25 l Gemüsebrühe (Rezept Seite 12)
2 Zimtstangen, in Hälften gebrochen
2 TL gemahlener Kreuzkümmel
1 TL gemahlener Koriander
1 Prise Safran
2 EL Olivenöl
abgeriebene Schale und Saft von einer Zitrone
2 EL flüssiger Honig
500 g vorgekochtes Couscous
60 g weiche Butter oder Margarine
175 g Rosinen
Salz und Pfeffer
frische Korianderzweige zum Garnieren

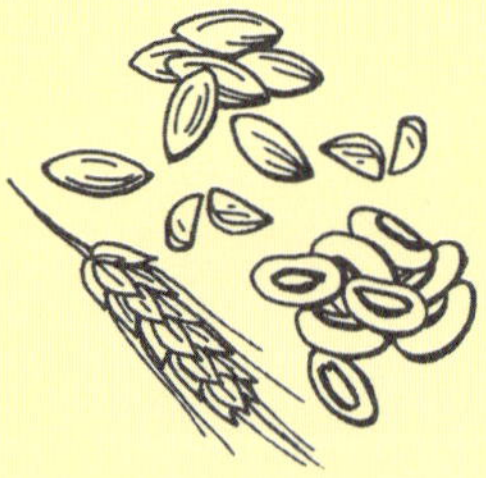

1 Die Möhren und Zucchini halbieren und in 7 cm lange Stücke schneiden.

2 Den Kürbis oder Squash zerlegen, die Samen entfernen. Schälen und in etwa gleich große Stücke wie die Möhren und Zucchini schneiden.

3 Brühe, Gewürze, Safran und Möhren in einem großen Topf zum Kochen bringen, Schaum abschöpfen. Olivenöl zugeben und 15 Minuten köcheln lassen.

4 Zitronenschale und -saft, Honig, Zucchini und Kürbis einrühren. Würzen, aufkochen lassen und bei schwacher Hitze nochmals 10 Minuten garen.

5 Inzwischen das Couscous nach der Packungsanweisung einweichen. In einem Dampfeinsatz oder einem Sieb, das mit einem sauberen Tuch ausgelegt ist, zugedeckt über dem Gemüse garen.

6 Butter oder Margarine unter das Couscous rühren und die Masse auf eine vorgewärmte Platte geben. Die Gemüsebrühe in einen Topf abgießen, die Gemüsestücke dekorativ auf dem Couscous anrichten, die Rosinen zuoberst. Mit 6 Eßlöffeln Brühe übergießen. Warm halten.

7 Die restliche Brühe für 5 Minuten kochend reduzieren. Zitronenschale und Zimt entfernen, mit Korianderblättern garnieren und separat als Sauce reichen.

Schritt *2*

Schritt *4*

Schritt *5*

Kofta-Kebabs mit Tabbouleh

Üblicherweise bestehen Koftas aus einer würzigen Fleischmischung. Eine ebenso schmackhafte, aber fleischlose Variante ist die hier vorgeschlagene Bohnen-Weizen-Mischung.

FÜR 4 PERSONEN

ZUTATEN

175 g Adzuki-Bohnen
175 g Bulgur
450 ml Gemüsebrühe (Rezept Seite 12)
3 EL Olivenöl
1 Zwiebel, feingehackt
2 Knoblauchzehen, zerdrückt
1 TL gemahlener Koriander
1 TL gemahlener Kreuzkümmel
1 EL frischer Koriander, gehackt
3 Eier, verquirlt
125 g Semmelbrösel
Salz und Pfeffer

TABBOULEH

175 g Bulgur
2 EL Zitronensaft
1 EL Olivenöl
6 EL Petersilie, frisch gehackt
4 Frühlingszwiebeln, feingehackt
60 g Salatgurke, feingehackt
3 EL Minze, frisch gehackt
1 Fleischtomate, feingehackt

ZUM SERVIEREN

Tahinicreme (Rezept Seite 12)
Schwarze Oliven
Fladenbrot

1 Die Adzuki-Bohnen 40 Minuten in kochendem Wasser garen. Abgießen, abtropfen lassen und zur Seite stellen. Bulgur in der Brühe aufkochen und etwa 10 Minuten köcheln lassen, bis alle Flüsssigkeit aufgenommen ist. Zur Seite stellen.

2 Einen Eßlöffel Öl erhitzen. Zwiebel, Knoblauch und Gewürze 4–5 Minuten darin dünsten.

3 Mit den Bohnen, Koriander, Eiern und Gewürzen in eine Schüssel geben und mit der Gabel zu einem Brei zerdrücken. Gut mit Semmelbröseln und Bulgur vermischen. Zugedeckt eine Stunde kalt stellen, bis die Masse fest ist.

4 Für das Tabbouleh Bulgur mit 450 ml kochendem Wasser übergießen und 15 Minuten quellen lassen. Die restlichen Zutaten unterrühren. Zugedeckt kalt stellen.

5 Aus der Kofta-Mischung mit feuchten Händen 32 ovale Bällchen („Eier") formen.

6 Aufspießen, mit Öl bestreichen und 5–6 Minuten goldgelb grillen. Wenden, die andere Seite mit Öl bestreichen und nochmals 5–6 Minuten grillen. Auf Küchenpapier abtropfen lassen. Garnieren und mit Tabbouleh, Tahinicreme, schwarzen Oliven und Fladenbrot servieren.

Schritt *3*

Schritt *5*

Schritt *6*

Gebratener Reis in Ananas

Das angenehm milde Aroma und das beeindruckende Aussehen dieser Speise inmitten eines dekorativen Buffets ist ein Genuß für Gaumen und Augen.

FÜR 4–6 PERSONEN

ZUTATEN

1 große Ananas
1 EL Sonnenblumenöl
1 Knoblauchzehe, zerdrückt
1 kleine Zwiebel, gehackt
½ Stange Sellerie, in Scheiben geschnitten
1 TL Koriander, gemahlen
1 TL Kreuzkümmel, gemahlen
150 g Champignons, in Scheiben geschnitten
250 g gekochter Reis
2 EL helle Sojasauce
½ TL Zucker
½ TL Salz
30 g Cashewnüsse

ZUM GARNIEREN

1 Frühlingszwiebel, in feine Röllchen geschnitten
frische Korianderblätter
Minzezweig

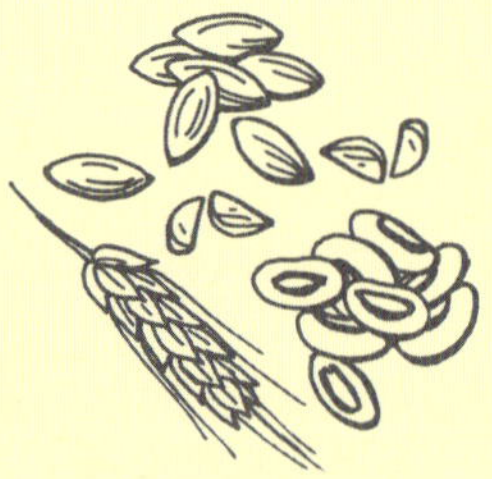

1 Die Ananas der Länge nach halbieren und aushöhlen, so daß zwei Schalen entstehen. 125 g des Fruchtfleischs in Würfel schneiden und zur Seite stellen. (Der Rest kann separat verwendet werden.)

2 In einem Wok oder einer Pfanne das Öl erhitzen. Knoblauch, Zwiebel und Sellerie bei starker Hitze unter ständigem Rühren 2 Minuten braten. Gemahlenen Koriander und Kreuzkümmel sowie Pilze einrühren.

3 Ananaswürfel und Reis dazugeben. Sojasauce, Zucker, Salz und Cashewnüsse unterrühren.

4 Die Mischung 4 Minuten mit 2 Löffeln unterheben und rühren, bis alle Zutaten sehr heiß sind.

5 In die Ananashälften füllen. Mit Frühlingszwiebel, Korianderblättern und Minze garnieren.

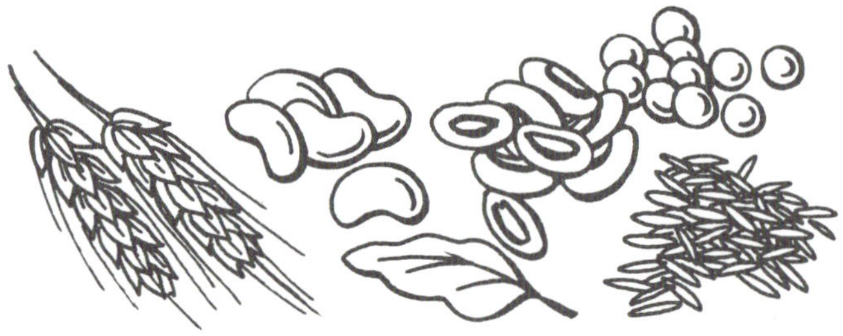

Schritt *2*

Schritt *3*

Schritt *4*

Gemüsecurry

Verschiedene Gemüsesorten werden in milder Currysauce gekocht und kurz vor dem Servieren mit Naturjoghurt und frischem Koriander abgeschmeckt.

FÜR 4 PERSONEN

ZUTATEN

2 EL Sonnenblumenöl
1 Zwiebel, in Scheiben geschnitten
2 TL Kreuzkümmel
2 EL gemahlener Koriander
1 TL Gelbwurz, gemahlen
2 TL gemahlener Ingwer
1 TL frische rote Peperoni, gehackt
2 Knoblauchzehen, zerdrückt
425 g Tomaten aus der Dose, gehackt
3 EL Kokosmilchpulver, mit
300 ml kochendem Wasser verrührt
1 kleiner Blumenkohl, in Röschen zerlegt
2 Zucchini, in Scheiben geschnitten
2 Möhren, in Scheiben geschnitten
1 Kartoffel, in Würfel geschnitten
425 g Garbanzo-Bohnen aus der Dose, gewaschen und abgetropft
150 ml Naturjoghurt
2 EL Mango-Chutney
3 EL frischer Koriander, gehackt
Salz und Pfeffer
frische Korianderzweige zum Garnieren

ZUM SERVIEREN

Zwiebelsauce
Raita (Rezept Seite 188)
Basmati-Reis
Naan (indisches Fladenbrot)

1 Die Zwiebelringe in heißem Öl weich dünsten. Kreuzkümmel, Koriander, Gelbwurz, Ingwer, Peperoni und Knoblauch dazugeben und 1 Minuten weiter braten.

2 Tomaten und Kokosmischung hinzufügen. Gut umrühren.

3 Blumenkohl, Zucchini, Möhren, Kartoffel, Garbanzo-Bohnen zugeben, mit Salz und Pfeffer würzen und 20 Minuten zugedeckt köcheln lassen.

4 Joghurt, Mango-Chutney und frischen Koriander unter das heiße Gemüse rühren, aber nicht aufkochen lassen. Mit Korianderzweigen garnieren und mit Zwiebelsauce, Raita, Basmati-Reis und indischem Fladenbrot servieren.

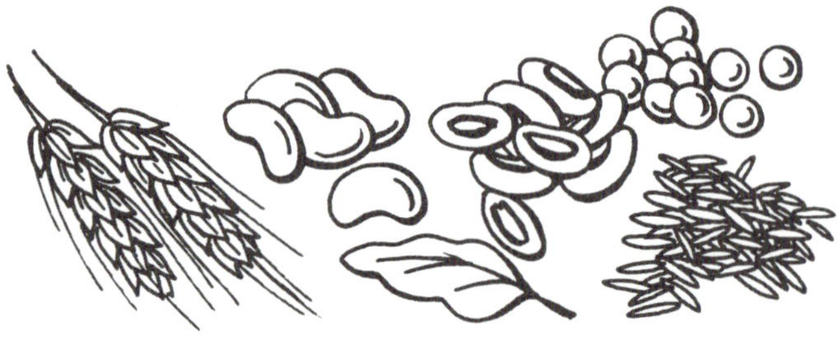

Schritt *1*

Schritt *3*

Schritt *4*

Marokkanisches Gemüsecouscous

Couscous ist ein außerordentlich schnellkochender Hartweizengrieß und stellt eine angenehme Abwechslung zu Reis oder Nudeln dar.

FÜR 4 PERSONEN

ZUTATEN

2 EL Pflanzenöl
1 große Zwiebel, grobgehackt
1 Möhre, in Stücke geschnitten
1 Kohlrabi, in Würfel geschnitten
600 ml Gemüsebrühe (Rezept Seite 12)
175 g Couscous
2 Tomaten, geschält und in Viertel geschnitten
2 Zucchini, in Scheiben geschnitten
1 roter Paprika, entkernt und in Stücke geschnitten
125 g grüne Bohnen, in Stücke geschnitten
abgeriebene Schale von einer Zitrone
1 Prise gemahlener Gelbwurz
1 EL Koriander oder Petersilie, feingehackt
Salz und Pfeffer
glatte Petersilie zum Garnieren

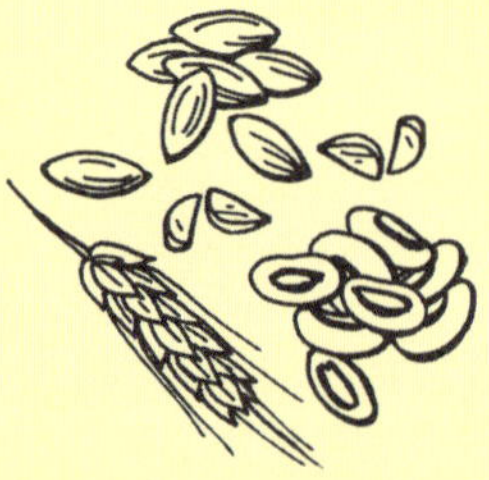

1 Das Öl in einer großen Pfanne erhitzen. Zwiebel, Möhre und Kohlrabi 3–4 Minuten anbraten. Mit Gemüsebrühe ablöschen und zugedeckt 20 Minuten köcheln lassen.

2 Währenddessen das Couscous in einer Schüssel mit so viel kochendem Wasser übergießen, daß die einzelnen Körnchen anschwellen und sich beim Rühren voneinander lösen.

3 Tomaten, Zucchini, Paprika und grüne Bohnen in die Brühe geben.

4 Zitronenschale und nach Wunsch Gelbwurz unter das Couscous rühren. Dann das Couscous in einem Dampfeinsatz zugedeckt über dem Gemüse 8–10 Minuten garen.

5 Das Couscous auf vorgewärmten Tellern verteilen. Einen Teil des Gemüses und der Brühe darüber geben, mit gehacktem Koriander oder Petersilie bestreuen, mit Petersilienzweigen garnieren und sofort servieren.

Schritt *1*

Schritt *2*

Schritt *3*

WOK-GERICHTE & KURZGEBRATENES

Ob man nun ein chinesisches Gericht oder etwas anderes kocht – in der vegetarischen Küche ist Pfannenbraten im Wok immer eine der einfachsten und gesündesten Zubereitungsmöglichkeiten. Die Nahrung wird sehr schnell mit äußerst wenig Öl bei stärkster Hitze gegart, so daß die natürlichen Gemüsesäfte eingeschlossen und die Nährstoffe bewahrt werden. Dank der kurzen Kochzeit bleibt das Gemüse knackig und behält seine Textur, seinen Geschmack und seine Farbe.

Ein Wok mit abgerundetem Boden eignet sich für Pfannenbraten am besten, da er die Hitze gleichmäßig aufnimmt und weiterleitet. Durch die Kegelform wird weitaus weniger Fett als in einer herkömmlichen Pfanne benötigt, und das Kochgut rutscht immer wieder ins Zentrum der Hitze zurück, unabhängig davon, wie kräftig man rührt.

Zum Sautieren oder Kurzbraten benötigt man eine Bratpfanne mit flachem Boden, in der die Nahrung geschwenkt, gerührt und von allen Seiten gebraten wird. Auch hier muß bei stärkster Hitze gekocht werden, damit sich eine knusprige, goldgelbe Kruste bildet. Mit einer beschichteten Pfanne kann man die verlangte Ölmenge reduzieren.

Kurzgebratenes Sommergemüse mit Estragon-Dressing

Das aromatische Estragon-Weißwein-Dressing hebt den frischen Geschmack von leicht gebratenem Sommergemüse besonders hervor.

FÜR 4 PERSONEN

ZUTATEN

250 g junge Möhren, geschabt
125 g Buschbohnen
2 Zucchini, in Stücke geschnitten
1 Bund große Frühlingszwiebeln, in Stücke geschnitten
1 Bund Radieschen, in Hälften geschnitten
60 g Butter
2 EL Olivenöl
2 EL Weißweinessig
4 EL trockener Weißwein
1 TL sehr feiner Zucker
1 EL Estragon, frisch gehackt
Salz und Pfeffer
frische Estragonzweige zum Garnieren

1 Die Möhren, Bohnen, Zucchini, die Frühlingszwiebeln und Radieschen putzen und so zerkleinern, daß alle Stücke etwa gleich groß sind.

2 Die Butter in einer großen Pfanne oder einem Wok zerlassen. Das Gemüse darin bei mittlerer Hitze bißfest garen, häufig rühren.

3 Olivenöl, Essig, Weißwein und Zucker in einem kleinen Topf erhitzen. Vom Herd nehmen, Estragon unterrühren.

4 Dressing über das bißfeste Gemüse geben. Kurz durchrühren und in eine vorgewärmte Schüssel füllen. Mit frischen Estragonzweigen garnieren und sofort servieren.

Schritt *1*

Schritt *2*

Schritt *4*

Goldene Käse-Lauch-Kartoffelküchlein

Die schmackhaften Kartoffelküchlein eignen sich gut für ein schnelles Mittagessen – für besonders Hungrige mit Rührei.

FÜR 4 PERSONEN

ZUTATEN

1 kg Kartoffeln
4 EL Milch
60 g Butter oder Margarine
2 Stangen Lauch, feingehackt
1 Zwiebel, feingehackt
175 g alter Cheddar, gerieben
1 EL Schnittlauch oder Petersilie, frisch gehackt
1 Ei, verquirlt
2 EL Wasser
90 g frische Semmelbrösel
Pflanzenöl zum Braten
Salz und Pfeffer
glatte Petersilienzweige zum Garnieren
Blattsalat zum Servieren

1 Die Kartoffeln in leicht gesalzenem Wasser gar kochen. Abgießen und mit Milch und Butter zu einem festen Püree verrühren.

2 Lauch und Zwiebeln in wenig kochendem Salzwasser 10 Minuten gar kochen. Abgießen.

3 Lauch, Zwiebel, Kartoffelpüree, Käse und Petersilie oder Schnittlauch in einer großen Schüssel verrühren. Nach Geschmack würzen.

4 In einem Suppenteller Ei und Wasser verquirlen, in einen anderen Semmelbrösel streuen. Aus dem Kartoffelpüree 12 gleich große Küchlein formen, mit Ei bestreichen und in Semmelbrösel wälzen.

5 Das Öl erhitzen und die Küchlein von beiden Seiten 2–3 Minuten goldgelb braten. Mit glatter Petersilie garnieren und mit gemischtem grünen Salat servieren.

Schritt *1*

Schritt *4*

Schritt *5*

Grünes Pfannengemüse

Dieses Rezept eignet sich als schnelle Beilage zu einem Hauptgericht. Die Wasserkastanien geben dem „Grünzeug" mehr Biß.

FÜR 4 PERSONEN

ZUTATEN

1 EL Sonnenblumenöl
1 Knoblauchzehe, halbiert
2 Frühlingszwiebeln, feingeschnitten
200 g Wasserkastanien aus der Dose, abgetropft und in Scheiben geschnitten
500 g Spinat, große Blätter entstielt
1 TL Sherryessig
1 TL helle Sojasauce
Pfeffer

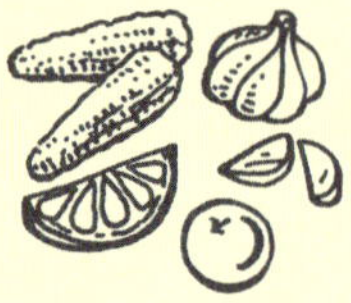

1 Das Öl im Wok oder in einer Pfanne sehr stark erhitzen.

2 Den Knoblauch darin 1 Minute unter ständigem Rühren anbraten. Vorsicht, nicht anbrennen.

3 Die Frühlingszwiebeln und Wasserkastanien dazu geben und 2–3 Minuten braten. Den Spinat einrühren.

4 Sherryessig, Sojasauce und eine Prise Pfeffer hinzufügen. Ständig rühren, bis der Spinat gar ist. Knoblauch entfernen.

5 Mit dem Schöpflöffel auf eine vorgewärmte Platte heben. Sofort servieren.

Schritt *3*

Schritt *4*

Schritt *5*

Mais-Kartoffel-Bratlinge

Ein ideales Abendessen für zwei oder auch für einen allein, wenn man die Mengen halbiert. Die restlichen Maiskörner können für ein anderes Gericht verwendet werden.

FÜR 2 PERSONEN

ZUTATEN

2 EL Öl
1 kleine Zwiebel, in dünnen Ringen
1 Knoblauchzehe, zerdrückt
350 g Kartoffeln
200 g Maiskörner aus der Dose, abgetropft
½ TL getrockneter Oregano
1 Ei, verquirlt
60 g Gouda oder Edamer, gerieben
Salz und Pfeffer
2–4 Eier
2–4 Tomaten, in Scheiben geschnitten
Petersilienzweige zum Garnieren

1 Einen Eßlöffel Öl in einer beschichteten Pfanne erhitzen. Zwiebel und Knoblauch darin glasig dünsten, aber nicht braun werden lassen. Vom Herd nehmen.

2 Die Kartoffeln grob in eine Schüssel reiben. Mit Maiskörnern, Oregano, verquirlten Eiern und Gewürzen abschmecken. Die angebratenen Zwiebeln dazugeben.

3 Das restliche Öl erhitzen. Die Kartoffelmischung halbieren und getrennt in die Pfanne setzen. Mit einer Palette formen und flach drücken, so daß zwei ovale Küchlein entstehen.

4 Bei mittlerer Hitze etwa 10 Minuten braten, bis die Unterseite gebräunt und die Bratlinge nahezu durchgebraten sind. Ab und zu mit der Palette vom Pfannenboden lösen.

5 Jeden Bratling mit geriebenem Käse bestreuen und unter den Grill im Backofen stellen, bis sich eine goldene Kruste bildet.

6 Inzwischen ein oder zwei Eier pro Person pochieren. Die Bratlinge auf vorgewärmte Teller setzen, mit Ei und Tomatenscheiben belegen und mit Petersilie garnieren. Sofort servieren.

Schritt *2*

Schritt *3*

Schritt *5*

Rotes Curry mit Cashewnüssen

Ein herrliches Schnellgericht für Menschen mit wenig Zeit.
Wer die Currypaste nicht selbst zubereiten möchte, kann sie auch fertig kaufen.

FÜR 4 PERSONEN

ZUTATEN

3 EL rote Currypaste
250 ml Kokosmilch
1 Limonenblatt, Mittelrippe entfernt
¼ TL helle Sojasauce
60 g Maiskölbchen, der Länge nach halbiert
125 g Brokkoliröschen
125 g grüne Bohnen,
in 5 cm lange Stücke geschnitten
30 g Cashewnüsse
15 frische Basilikumblätter
1 EL Koriander, frisch gehackt
Reis zum Servieren
1 EL geröstete Erdnüsse zum Garnieren

ROTE CURRYPASTE

7 frische rote Chillies, halbiert, entkernt und blanchiert (ersatzweise getrocknete Chillies)
2 TL Kreuzkümmel
2 TL Koriander
2,5 cm Galgantwurzel, geschält und gehackt
½ Stengel Zitronengras, gehackt
1 TL Salz
abgeriebene Schale einer Zitrone
4 Knoblauchzehen, gehackt
3 Schalotten, gehackt
2 Limonenblätter, Mittelrippe entfernt, zerpflückt
1 EL Öl als Basis

1 Für die Currypaste werden alle Zutaten in einem großen Mörser zerrieben oder in der Küchenmaschine püriert. Die Paste ist luftdicht verschlossen im Kühlschrank bis zu drei Wochen haltbar.

2 Die Currypaste in einem Wok oder einer Pfanne über starker Hitze rühren, bis sie ihr Aroma entfaltet. Hitze reduzieren.

3 Kokosmilch, Limonenblatt, Sojasauce, Maiskölbchen, Brokkoli, Bohnen und Cashewnüsse hinzufügen. Aufkochen und 10 Minuten köcheln lassen, bis das Gemüse gar, aber noch knackig ist.

4 Limonenblatt entfernen. Basilikumblätter und Koriander einrühren. Auf Reis servieren, mit Erdnüssen garnieren.

Schritt *1*

Schritt *3*

Schritt *4*

Gemüse-Medley

Diese knusprigen Gemüsehappen schmecken am besten mit Pittabrot, Chapattis oder Naan.

FÜR 4 PERSONEN

ZUTATEN

150 g junge Brechbohnen
8 junge Möhren
6 junge Kohlrabi
½ kleiner Blumenkohl
2 EL Pflanzenöl
2 große Zwiebeln, in Ringe geschnitten
2 Knoblauchzehen, feingehackt
300 ml Naturjoghurt
1 EL Stärkemehl
2 EL Tomatenmark
1 große Prise Chilipulver
Salz

1 Die Bohnen putzen und halbieren. Die Möhren halbieren, die Kohlrabi vierteln. Den Blumenkohl in Röschen zerlegen und den Strunk entfernen.

2 Die verschiedenen Gemüse 3 Minuten über kochendem Wasser in Dampf garen, abgießen und sofort in einer Schüssel mit kaltem Wasser abschrecken, um weiteres Garen zu verhindern.

3 Die Zwiebel in heißem Öl glasig dünsten. Den Knoblauch dazugeben und nochmals eine Minute braten.

4 Joghurt, Maisstärke und Tomatenmark glattrühren. Diese Sauce zu den Zwiebeln geben und 1–2 Minuten kochen, bis sich alle Zutaten gut vermischt haben.

5 Die Gemüsestücke gut abtropfen lassen. Langsam in die Sauce rühren, ohne sie zu zerbrechen. Mit Salz und Chilipulver würzen. Zugedeckt weitere 5 Minuten köcheln lassen. Dann abschmecken und bei Bedarf nachwürzen. Sofort servieren.

Schritt *2*

Schritt *4*

Schritt *5*

Maisküchlein

Diese Küchlein machen sich zusammen mit Chilisauce gut auf jedem Buffet und sind leicht vorzubereiten.

FÜR 12 STÜCK

ZUTATEN

325 g Maiskörner aus der Dose, abgetropft
1 Zwiebel, feingehackt
1 TL Currypulver
1 Knoblauchzehe, zerdrückt
1 TL gemahlener Koriander
2 Frühlingszwiebeln, gehackt
3 EL Mehl
½ TL Backpulver
Salz
1 großes Ei
4 EL Sonnenblumenöl

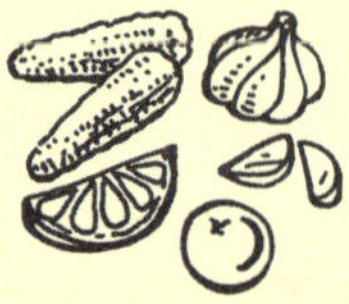

1 Die abgetropften Maiskörner leicht in einer Schüssel zerdrücken. Mit Ausnahme des Öls nacheinander alle übrigen Zutaten dazugeben, dazwischen jeweils umrühren.

2 Das Öl in einer Pfanne erhitzen. Die Mischung eßlöffelweise in das heiße Öl geben, ohne daß die einzelnen Küchlein beim Braten ineinanderlaufen.

3 Jedes Küchlein auf beiden Seiten 4–5 Minuten goldbraun braten. Auf keinen Fall zu früh wenden, da die Küchlein sonst zerfallen.

4 Mit einem Pfannenheber aus der Pfanne nehmen und auf Küchenpapier abtropfen lassen. Servieren, solange die Küchlein noch warm sind.

Schritt *1*

Schritt *2*

Schritt *3*

Verschiedene Pilze in Kokosmilch

Dieses wohlschmeckende und sättigende Hauptgericht serviert man am besten mit Reis oder Nudeln.

FÜR 4 PERSONEN

ZUTATEN

2 Stengel Zitronengras, feingeschnitten
2 grüne Peperoni, entkernt und feingehackt
1 EL helle Sojasauce
2 Knoblauchzehen, zerdrückt
2 EL frischer Koriander, gehackt
2 EL frische Petersilie
6 Scheiben Galgant, geschält
3 EL Sonnenblumenöl
1 Aubergine, in Würfel geschnitten
60 g Austernpilze
60 g Steinpilzchampignons
60 g Champignons, große Pilze in Viertel geschnitten
125 g grüne Bohnen,
in 5 cm lange Stücke geschnitten, blanchiert
300 ml Kokosmilch
1 EL Zitronensaft
Reis zum Servieren
2 EL gehackte, geröstete Erdnüsse zum Garnieren

1 Zitronengras, Peperoni, Sojasauce, Knoblauch, Koriander, Petersilie und Galgant in einem großen Mörser zerreiben oder in der Küchenmaschine pürieren. Zur Seite stellen.

2 Das Sonnenblumenöl erhitzen. Die Auberginenwürfel bei starker Hitze 3 Minuten einrühren, dann Pilze und Bohnen dazugeben. Drei Minuten unter ständigem Rühren kochen. Die Gewürzpaste einrühren.

3 Mit Kokosmilch und Zitronensaft zum Kochen bringen und 2 Minuten köcheln lassen.

4 Sofort über Reis servieren. Mit gerösteten Erdnüssen garnieren.

Schritt *1*

Schritt *2*

Schritt *3*

Wintergemüsepfanne mit Koriander

Einfaches Wintergemüse erhält mit Koriander eine außergewöhnliche Note – ein Wok-Gericht, das müde Gaumen munter macht.

FÜR 4 PERSONEN

ZUTATEN

3 EL Sesamöl
30 g geschälte Mandeln
1 große Möhre, in Julienne-Streifen geschnitten
1 großer Kohlrabi, in Julienne-Streifen geschnitten
1 Zwiebel, in dünne Ringe geschnitten
1 Knoblauchzehe, zerdrückt
3 Stangen Sellerie, feingeschnitten
125 g Rosenkohl, geputzt und halbiert
125 g Blumenkohl, in Röschen zerlegt
125 g Weißkohl, geraspelt
2 TL Sesamkörner
1 TL Ingwerwurzel, frisch gerieben
½ TL mittelscharfes Chilipulver
1 EL Koriander, frisch gehackt
1 EL helle Sojasauce
Salz und Pfeffer
frische Korianderzweige zum Garnieren

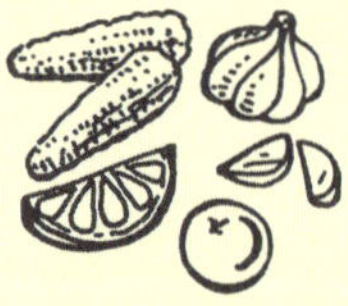

1 Das Sesamöl in einem Wok oder einer großen Pfanne erhitzen und die Mandeln darin goldbraun rösten, abschöpfen und auf Küchenpapier abtropfen lassen.

2 Die verschiedenen Gemüse, mit Ausnahme des Kohls, in den Wok geben und unter ständigem Rühren 3–4 Minuten braten.

3 Kohl, Sesamkörner, Ingwer und Chilipulver in die Gemüsemischung geben und unter Rühren nochmals 2 Minuten braten.

4 Den gehackten Koriander, die Sojasauce und Mandeln in die Mischung geben und gut verrühren. Die Gemüsepfanne mit frischen Korianderzweigen garniert servieren.

Schritt *1*

Schritt *3*

Schritt *4*

Zucchini-Möhren-Feta-Bratlinge

Eine leckere Kombination aus geriebenen Möhren, Zucchini, Schafskäse (Feta) und Gewürzen wie Kreuzkümmel, Mohn, Currypulver und frisch gehackter Petersilie.

FÜR 4 PERSONEN

ZUTATEN

2 große Möhren
1 großer Zucchino
1 kleine Zwiebel
60 g Feta (Schafskäse)
30 g Mehl
1/4 TL Kreuzkümmel
1/2 TL Mohnsamen
1 TL mittelscharfes Currypulver
1 EL Petersilie, frisch gehackt
1 Ei, verquirlt
2 EL Butter
2 EL Pflanzenöl
Salz und Pfeffer
frische Kräuterzweige zum Garnieren

1 Möhren, Zucchino, Zwiebel und Feta mit der Hand oder in der Küchenmaschine grob reiben.

2 Mehl, Kreuzkümmel, Mohnsamen, Currypulver und Petersilie in einer großen Schüssel vermischen. Mit Salz und Pfeffer kräftig würzen.

3 Die geriebene Gemüsemischung gut unter das gewürzte Mehl rühren. Das Ei gründlich einarbeiten.

4 Butter und Öl in einer großen Pfanne erhitzen. Den Gemüseteig löffelweise ins heiße Fett geben und mit der Löffelrückseite flach drücken. Die Küchlein auf beiden Seiten 2 Minuten goldgelb und knusprig braten. Auf Küchenpapier abtropfen lassen und warm halten, bis alle Bratlinge fertig sind.

5 Mit frischen Kräutern garniert servieren.

Schritt 2

Schritt 3

Schritt 4

Indonesische Maronen-Gemüse-Pfanne mit Erdnußsauce

Dieses farbenfrohe, scharfe Gericht mit Schalotten, Chillies, Ingwer, frischem Koriander und Limonen kann die Nähe zur indonesischen Küche nicht verleugnen.

FÜR 4 PERSONEN

ZUTATEN

SAUCE

125 g ungesalzene, geröstete Erdnüsse
2 TL scharfe Chilisauce
180 ml Kokosmilch
2 EL Sojasauce
1 EL gemahlener Koriander
1 Prise gemahlener Gelbwurz
1 EL brauner Rohrzucker

GEMÜSEPFANNE

3 EL Sesamöl
3–4 Schalotten, feingeschnitten
1 Knoblauchzehe, feingeschnitten
1–2 rote Chillies, entkernt und feingehackt
1 große Möhre, in Julienne-Streifen geschnitten
1 gelber und 1 roter Paprika, in Streifen geschnitten
1 Zucchino, in Julienne-Streifen geschnitten
125 g Zuckererbsen
7,5 cm Gurke, in Streifen geschnitten
250 g Austernpilze
250 g Maronen aus der Dose, abgetropft
2 TL Ingwerwurzel, gerieben
abgeriebene Schale und Saft von einer Limone
1 EL Koriander, frisch gehackt
Salz und Pfeffer
Limonenscheiben zum Garnieren

1 Für die Sauce die Erdnüsse in der Küchenmaschine pürieren oder sehr fein hacken. Mit den restlichen Zutaten in einen sehr kleinen Topf geben. Langsam erhitzen und 3–4 Minuten köcheln lassen.

2 Sesamöl im Wok oder einer großen Pfanne erhitzen. Schalotten, Knoblauch und Chillies dazugeben und unter Rühren 2 Minuten braten.

3 Möhren, Paprika, Zucchinostreifen und Zuckererbsen in den Wok oder die Pfanne geben. Nochmals 2 Minuten unter Rühren kochen.

4 Die restlichen Zutaten unter starkem Rühren noch 5 Minuten im Wok mitbraten, bis das Gemüse gar, aber noch knackig ist.

5 Das Gemüse auf vier vorgewärmten Tellern verteilen und mit Limonenscheiben garnieren. Die Erdnußsauce getrennt dazu reichen.

Schritt *1*

Schritt *3*

Schritt *4*

Grünes Curry mit Tempeh

Grüne Currypaste ist im Kühlschrank drei Wochen haltbar. Über Reis oder Nudeln servieren.

FÜR 4 PERSONEN

ZUTATEN

1 EL Sonnenblumenöl
175 g Tempeh, mariniert oder natur, in Rauten geschnitten
6 Frühlingszwiebeln, in 2,5 cm lange Stücke geschnitten
150 ml Kokosmilch
6 EL grüne Curry Paste
abgeriebene Schale von einer Limone
15 g frische Basilikumblätter
¼ TL Flüssigwürze, z. B. Maggi

GRÜNE CURRYPASTE

2 TL Korianderkörner
1 TL Kreuzkümmel
1 TL schwarze Pfefferkörner
4 große, grüne Chillies, entkernt
2 Schalotten, in Viertel geschnitten
2 Knoblauchzehen, geschält
2 EL frischer Koriander mit Wurzeln und Stielen, gehackt
abgeriebene Schale von einer Limone
1 EL Galgant, grobgehackt
Salz
2 EL Öl

ZUM GARNIEREN

frische Korianderblätter
2 grüne Chillies, feingeschnitten

1 Für die grüne Currypaste Koriander, Kreuzkümmel und Pfefferkörner in der Küchenmaschine oder im Mörser zerstoßen oder durch die Pfeffermühle drehen.

2 Die restlichen Zutaten in eine Schüssel geben und mit den Gewürzen mischen. In ein trockenes Glas mit Schraubverschluß füllen. Im Kühlschrank bis zu drei Wochen haltbar, im Gefrierschrank entsprechend länger.

3 Öl im Wok oder in einer großen, schweren Pfanne erhitzen. Tempeh auf stärkster Stufe 2 Minuten in das heiße Öl einrühren, bis es überall knusprig ist. Frühlingszwiebeln dazugeben und nochmals 1 Minute braten. Zwiebeln und Tempeh aus dem Öl nehmen und beiseite stellen.

4 Die Hälfte der Kokosmilch im Wok oder in der Pfanne aufkochen. Currypaste und Limonenschale dazugeben, 1 Minute kochen lassen. Sobald die Mischung duftet, Tempeh und Frühlingszwiebeln hinzufügen.

5 Die restliche Kokosmilch unterrühren und 7–8 Minuten köcheln lassen. Basilikumblätter und Flüssigwürze dazugeben, eine Minute leicht kochen. Sofort mit Koriander und Chillies garnieren und servieren.

Schritt *3*

Schritt *4*

Schritt *5*

Blumenkohl mit asiatischem Gemüse

Eine köstliche Blumenkohlvariante ...
selbst ohne das chinesische „Blattwerk".

FÜR 4 PERSONEN

ZUTATEN

175 g Blumenkohl, in Röschen zerlegt
1 Knoblauchzehe
½ TL Gelbwurz
1 EL Korianderwurzel oder Stengel
1 EL Sonnenblumenöl
2 Frühlingszwiebeln, in 2,5 cm lange Stücke geschnitten
125 g asiatisches Gemüse, z. B. thailändischer Spinat, Bok Choy oder Senfblätter, Mittelrippe entfernt
1 TL gelbe Senfkörner

1 Den Blumenkohl blanchieren, unter kaltem Wasser abspülen, abtropfen lassen und zur Seite stellen.

2 Knoblauch, Gelbwurz und Korianderwurzel oder -stiele zusammen im Mörser zerreiben.

3 Öl im Wok oder in einer großen schweren Pfanne erhitzen. Frühlingszwiebeln darin 2 Minuten bei starker Hitze anbraten. Das Blattgemüse dazugeben, nochmals 1 Minute rühren. Zur Seite stellen.

4 Senfkörner im Wok rösten, bis sie zu platzen beginnen. Die Gelbwurzmischung und den Blumenkohl dazugeben, bis der Blumenkohl gleichmäßig gelb ist. Dann auf dem Blattgemüse auf einem vorgewärmten Teller servieren.

Schritt *2*

Schritt *3*

Schritt *4*

Eintöpfe, Aufläufe & Gemüsebraten

Wer die vegetarische Küche langweilig findet, sollte spätestens nach der Vielzahl der Rezepte auf den folgenden Seiten vom Gegenteil überzeugt sein. Sicher verraten viele Gerichte den indischen, mexikanischen oder chinesischen Einfluß, aber auch traditionelle, herzhafte Eintöpfe und Aufläufe kommen nicht zu kurz. Zu welcher Tages- oder Jahreszeit auch immer – bei diesen Gerichten macht Essen Spaß.

In diesem Kapitel werden einfache oder ausgefallenere Ideen zum Mittagessen oder für besondere Gelegenheiten vorgestellt, zum Beispiel der nahrhafte überbackene Wintereintopf für die Familie auf Seite 198 oder der Indische Currytopf (Seite 188) zum gemütlichen Abendessen mit Freunden.

Auch wenn man die Zutaten zum Teil nicht kennen sollte, sind sie leicht erhältlich oder können gegebenenfalls durch ähnliche ersetzt werden. Zum Beispiel kann man für den Mandel-Sesam-Braten auf Seite 196 statt Mandeln auch Erdnüsse verwenden. Es gibt keinen Grund, warum man nicht etwas experimentieren und diesen phantasievollen Rezepten eine eigene Note verleihen sollte.

Grünes Gemüse im Brandteig

Brandteig ist einfach gemacht und schmeckt mit einer Füllung aus knackig-grünem Gemüse gut zum Abendessen. Er kann auch mit anderen Gemüsensorten gefüllt werden.

FÜR 4 PERSONEN

ZUTATEN

150 g Mehl
125 g Butter
300 ml Wasser
4 Eier, verquirlt
90 g geriebener Gruyère
1 EL Milch
Salz und Pfeffer

FÜLLUNG

30 g Knoblauch-Kräuter-Butter oder -Margarine
2 TL Olivenöl
2 Stangen Lauch, in feine Ringe geschnitten
250 g Weißkohl, geraspelt
125 g Sojasprossen
½ TL abgeriebene Limonenschale
1 EL Limonensaft
Selleriesalz und Pfeffer
Limonenscheiben zum Garnieren

1 Das Mehl auf ein Backpapier sieben und zur Seite legen. Butter oder Margarine in kleine Würfel schneiden und mit dem Wasser in einem Topf zerlassen.

2 Butter und Wasser aufkochen lassen, dann alles Mehl aufeinmal dazugeben. Die Mischung unter Rühren eindicken. Vom Herd nehmen und weiterrühren, bis der Teig glänzt und sich vom Topfrand löst.

3 In eine Rührschüssel füllen und 10 Minuten abkühlen lassen. Nach und nach die Eier unterrühren und vollkommen mit dem Teig mischen. 60 g Käse einrühren und würzen.

4 Den Teig löffelweise auf ein angefeuchtetes Backpapier setzen, so daß ein Ring von 23 cm Durchmesser entsteht. Mit Milch bestreichen und mit dem restlichen Käse bestreuen. Im vorgeheizten Backofen bei 220°C/Gasstufe 7 etwa 30–35 Minuten goldgelb backen. Auf eine vorgewärmte Platte gleiten lassen.

5 Die Füllung etwa 5 Minuten vor Ende der Backzeit kochen. Dazu Butter oder Margarine in einem großen Topf erhitzen. Den Lauch und Weißkohl darin 2 Minuten unter Rühren anbraten.

6 Die Sojasprossen, Limonenschale und -saft dazugeben. Nochmals 1 Minute rühren. Nach Belieben würzen. Das Gemüse in die Mitte des Brandteigrings füllen. Mit Limonenscheiben garnieren und servieren.

Schritt *2*

Schritt *3*

Schritt *4*

Linsenbraten

Das perfekte Rezept für den etwas anderen Sonntagsbraten. Als saftige Beilage eignet sich gebackenes Gemüse.

FÜR 6 PERSONEN

ZUTATEN

250 g rote Linsen
500 ml Gemüsebrühe
1 Lorbeerblatt
15 g Butter oder Margarine, zerlassen
2 EL Semmelbrösel
250 g alter Cheddar, gerieben
1 Stange Lauch, feingehackt
125 g Champignons, feingehackt
90 g Brotwürfel aus frischem Mehrkornbrot
2 EL Petersilie, frisch gehackt
1 EL Zitronensaft
2 Eier, leicht verquirlt
Salz und Pfeffer
glatte Petersilienzweige zum Garnieren
gebackenes Gemüse zum Servieren

1 Linsen, Brühe und Lorbeerblatt in einem Topf zum Kochen bringen. Zugedeckt 15–20 Minuten köcheln lassen, bis die Linsen weich sind und die Flüssigkeit verdampft ist. Lorbeerblatt entfernen.

2 Währenddessen eine Kastenform, die etwa 1 Liter faßt, fetten und mit den Semmelbröseln ausstreuen.

3 Käse, Lauch, Pilze, Brotwürfel und Petersilie unter die Linsen rühren.

4 Die Mischung mit Zitronensaft und Eiern binden. Kräftig würzen und in die Kastenform füllen, glattstreichen und im vorgeheizten Backofen bei 190°C/Gasstufe 5 1 Stunde goldbraun backen.

5 Den Laib mit einem Palettenmesser lösen und auf eine vorgewärmte Platte stürzen. Mit Petersilie garnieren und in Scheiben geschnitten servieren. Als Beilage gebackenes Gemüse reichen.

Schritt *2*

Schritt *3*

Schritt *4*

Roter Bohneneintopf mit Klößen

Dieses herzhafte Gericht kann an kalten Wintertagen durch nichts übertroffen werden. Es ist schnell und einfach zubereitet.

FÜR 4 PERSONEN

ZUTATEN

1 EL Pflanzenöl
1 rote Zwiebel, in Ringe geschnitten
2 Stangen Sellerie, gehackt
900 ml Gemüsebrühe (Rezept Seite 12)
250 g Möhren, in Scheiben geschnitten
250 g Kartoffeln, in Würfel geschnitten
250 g Zucchini, in Würfel geschnitten
4 Tomaten, geschält und gehackt
125 g rote Linsen
425 g rote Kidney-Bohnen aus der Dose, gewaschen und abgetropft
1 TL Paprikapulver
Salz und Pfeffer

KLÖSSE

125 g Mehl
½ TL Salz
2 TL Backpulver
1 TL Paprikapulver
1 TL gemischte, getrocknete Kräuter
30 g Pflanzenfett
7 EL Wasser
frische glatte Petersilie zum Garnieren

1 In einer Kasserolle oder Pfanne Öl erhitzen. Zwiebel und Sellerie darin 3–4 Minuten weich dünsten.

2 Mit Brühe ablöschen, Kartoffeln und Möhren einrühren. Zum Kochen bringen und 5 Minuten zugedeckt köcheln lassen.

3 Zucchini, Tomaten, Linsen, Kidney-Bohnen, Paprika und Gewürze dazugeben. Wieder zum Kochen bringen und nochmals 5 Minuten zugedeckt kochen lassen.

4 In der Zwischenzeit die Klöße zubereiten, dafür Mehl, Salz, Paprikagewürz und Backpulver in eine Schüssel geben. Kräuter und Fett unterrühren. Mit Wasser zu einem weichen Teig verarbeiten. Acht Teigbällchen formen.

5 Den Deckel vom Eintopf nehmen und umrühren. Die Klöße daraufsetzen und leicht in den Eintopf drücken. Hitze reduzieren. 15 Minuten zugedeckt köcheln lassen, bis die Klöße durchgegart und aufgegangen sind. Mit glatter Petersilie garnieren und sofort servieren.

Schritt *2*

Schritt *4*

Schritt *5*

Pilz-Nuß-Auflauf

Dieses köstliche Gericht schmeckt, sättigt und wärmt zugleich. Der Streuselbelag erhält sein Aroma aus drei verschiedenen Nußsorten.

FÜR 4 PERSONEN

ZUTATEN

350 g Champignons, in Scheiben geschnitten
350 g Steinpilzchampignons, in Scheiben geschnitten
400 ml Gemüsebrühe (Rezept Seite 12)
60 g Butter oder Margarine
1 große Zwiebel, feingehackt
4 EL Crème fraîche
2 EL frische Petersilie, gehackt
Salz und Pfeffer
frische Kräuter zum Garnieren

STREUSEL

90 g grobe Haferflocken
90 g Vollkornmehl
30 g gemahlene Mandeln
30 g gehackte Walnüsse
60 g ungesalzene Pistazien, gehackt
1 TL getrockneter Thymian
90 g Butter oder Margarine, zerlassen
1 EL Fenchelsamen

1 Pilze und Brühe in einem großen Topf erhitzen und 15 Minuten kochen. Sobald die Pilze gar sind, abgießen. Brühe zur Seite stellen.

2 In einem anderen Topf Butter oder Margarine zerlassen. Zwiebel und Knoblauch 2–3 Minuten schonend darin dünsten, aber nicht bräunen. Mehl einrühren und noch 1 Minute kochen.

3 Topf vom Herd nehmen. Nach und nach die Pilzbrühe einrühren. Erneut unter ständigem Rühren erhitzen, bis die Brühe eindickt. Pilze, Gewürze, Crème fraîche und Petersilie hinzufügen. Die Mischung in eine flache Auflaufform füllen.

4 Für den Belag Haferflocken, Mehl, Nüsse, Thymian und Gewürze mischen.

5 Mit einer Gabel Butter oder Margarine einrühren, bis die Masse krümelig wird.

6 Die Nußstreusel über der Pilzmischung verteilen und mit Fenchelsamen bestreuen. Im vorgeheizten Backofen bei 190°C/Gasstufe 5 etwa 25–30 Minuten backen. Mit Kräutern garnieren und servieren.

Schritt *1*

Schritt *3*

Schritt *6*

Indischer Currytopf

Dieses Gemüsecurry ist schnell zubereitet und schmeckt ganz vorzüglich. Ein farbenfroher indischer Salat und Minz-Raita eignen sich als Beilage.

FÜR 4 PERSONEN

ZUTATEN

1 EL Pflanzenöl
2 Knoblauchzehen, zerdrückt
1 Zwiebel, gehackt
3 Stangen Sellerie, in Stücke geschnitten
1 Apfel, in Stücke geschnitten
1 EL mittelscharfes Currypulver
1 TL gemahlener Ingwer
425 g Garbanzo-Bohnen aus der Dose
125 g grüne Bohnen, in Stücke geschnitten
250 g Blumenkohl, in Röschen zerlegt
250 g Kartoffeln, in Würfel geschnitten
175 g Pilze, gewaschen und in Scheiben geschnitten
600 ml Gemüsebrühe (Rezept Seite 12)
1 EL Tomatenmark
30 g Sultaninen
175 g Basmati-Reis
1 EL Garam Masala

SALAT

4 Tomaten, gehackt
1 grüne Chilischote, entkernt und gehackt
7,5 cm Salatgurke, gehackt
1 EL frischer Koriander
4 Frühlingszwiebeln,
geputzt und in Stücke geschnitten

MINZ-RAITA

150 ml Naturjoghurt
1 EL gehackte frische Minze

1 Öl in einem großen Topf erhitzen und Knoblauch, Zwiebel, Sellerie und Apfel darin 3–4 Minuten dünsten. Mit Currypulver und Ingwer bestreuen und noch 1 Minute braten lassen.

2 Garbanzo-Bohnen abtropfen lassen und mit den übrigen Zutaten mit Ausnahme von Reis und Garam Masala zur Zwiebelmischung geben. Zum Kochen bringen, Hitze reduzieren und zugedeckt 35–40 Minuten köcheln lassen.

3 Für den Salat alle Zutaten in einer Schüssel mischen, abdecken und kalt stellen.

4 Für das Raita Joghurt und Minze verrühren. In ein Servierschälchen füllen, abdecken und kalt stellen.

5 Den Reis in kochendem, leicht gesalzenem Wasser nach dem Hinweis auf der Packung garen. Abgießen und abtropfen lassen.

6 Das Curry kurz vor dem Servieren mit Garam Masala würzen. Auf vier vorgewärmten Tellern verteilen, mit Salat, Minz-Raita und Reis servieren. Das Raita mit frischer Minze garnieren.

Schritt *1*

Schritt *2*

Schritt *4*

Gebackene Wurzelhäufchen mit Paprika

Farbenfroher Paprika über knusprigem Wurzelgemüse –
ein bezauberndes Essen, wenn man Gäste erwartet.

FÜR 4 PERSONEN

ZUTATEN

1 oranger Paprika
1 roter Paprika
1 gelber Paprika
3 EL Olivenöl
2 EL Rotweinessig
1 TL Dijon-Senf
1 TL flüssiger Honig
Salz und Pfeffer
glatte Petersilie zum Garnieren
grünes Gemüse zum Servieren

WURZELHÄUFCHEN

250 g Kartoffeln, grobgerieben
250 g Möhren, grobgerieben
350 g Sellerie, grobgerieben
1 Knoblauchzehe, zerdrückt
1 EL Zitronensaft
30 g Butter oder Margarine, zerlassen
1 Ei, verquirlt
1 EL Pflanzenöl

1 Die Paprikaschoten auf einem Backblech im vorgeheizten Backofen bei 190°C/Gasstufe 5 etwa 35 Minuten backen, nach 20 Minuten wenden.

2 Mit einem feuchten Geschirrtuch bedecken. 10 Minuten abkühlen lassen.

3 Die abgekühlten Paprikaschoten häuten, halbieren und die Kerne entfernen. In schmale Streifen schneiden und in ein Schälchen füllen.

4 Öl, Essig, Senf, Honig und Gewürze in einem Glas mit Schraubdeckel gut durchschütteln. Über die Paprikastreifen gießen, vorsichtig mischen und 2 Stunden durchziehen lassen.

5 Für die Wurzelhäufchen Kartoffeln, Möhren und Sellerie in einer großen Schüssel mischen und mit Knoblauch und Zitronensaft verrühren.

6 Die zerlassene Butter oder Margarine und das Ei unterheben. Kräftig würzen. Jeweils vier etwa gleich große Häufchen auf zwei mit Backpapier ausgelegte Backbleche setzen. Mit Öl bestreichen.

7 Im vorgeheizten Backofen 30–35 Minuten bei 220°C/Gasstufe 7 knusprig backen. Vorsichtig auf vorgewärmte Teller setzen. Die marinierten Paprika 2–3 Minuten aufwärmen, über die Wurzelhäufchen löffeln und mit Petersilie garnieren. Mit grünem Gemüse servieren.

Schritt *3*

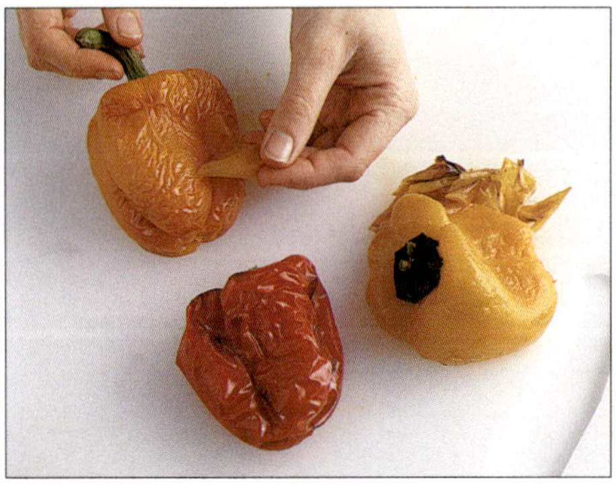

Schritt *5*

Schritt *6*

Würzige Chinakohlrouladen

Im Backofen überbacken und mit Pilzen, Reis, Frühlingszwiebeln, Sellerie und fünf verschiedenen Gewürzen gefüllt.

FÜR 4 PERSONEN

ZUTATEN

8 große Chinakohlblätter
60 g Langkornreis
½ Würfel Gemüsebrühe
60 g Butter
1 Bund Frühlingszwiebeln, geputzt und feingehackt
125 g Champignons, in Scheiben geschnitten
1 TL Fünf-Gewürze-Pulver
300 ml Tomatensauce
Salz und Pfeffer
frischer Schnittlauch zum Garnieren

1 Die Chinakohlblätter 1 Minute in kochendem Wasser blanchieren. Mit kaltem Wasser abspülen und trocken tupfen. Vorsicht, nicht einreißen.

2 Reis mit dem Brühwürfel in reichlich kochendem Wasser garen. Abgießen und abtropfen lassen.

3 Währenddessen Butter oder Margarine in einer Pfanne zerlassen. Zwiebeln und Sellerie darin leicht glasig dünsten, aber nicht braun werden lassen. Pilze dazugeben und 3–4 Minuten unter Rühren braten.

4 Gekochten Reis und Fünf-Gewürze-Pulver hinzufügen. Alle Zutaten gut mischen und mit Salz und Pfeffer abschmecken.

5 Die Chinakohlblätter auf der Arbeitsfläche ausbreiten. Die Reismischung gleichmäßig auf die Blätter verteilen. Blätter zu kleinen Päckchen einschlagen und mit der „Naht“ nach unten in eine gefettete, feuerfeste Ofenform setzen. Mit Tomatensauce übergießen und mit Folie abdecken.

6 Im vorgeheizten Backofen bei 190°/Gasstufe 5 25–30 backen. Mit frischem Schnittlauch garnieren und sofort servieren.

Schritt *1*

Schritt *4*

Schritt *5*

Brotauflauf mit Käse

Schnell, einfach und nahrhaft –
das Passende für ein Alltagsessen.

FÜR 4 PERSONEN

ZUTATEN

60 g Butter oder Margarine
1 Bund Frühlingszwiebeln, in Ringe geschnitten
6 Scheiben Brot ohne Rinde
175 g alter Cheddar, gerieben
2 Eier
450 ml Milch
Salz und Pfeffer
glatte Petersilie zum Garnieren

1 Eine feuerfeste Backform mit etwas Butter oder Margarine ausstreichen. Die restliche Butter in einem kleinen Topf zerlassen, Frühlingszwiebeln darin goldgelb dünsten.

2 Die Brotscheiben in Dreiecke schneiden. Mit der Hälfte der Scheiben die Backform auslegen. Mit Frühlingszwiebeln und der Hälfte des Käses bestreuen.

3 Eier und Milch verquirlen, mit Salz und Pfeffer würzen. Die Form mit den restlichen Brotscheiben auslegen. Gleichmäßig mit der Eiermilch übergießen. 15–20 Minuten ziehen lassen.

4 Den restlichen Käse über das eingeweichte Brot streuen. Im vorgeheizten Ofen bei 190°C/Gasstufe 5 35–40 Minuten backen, bis die Masse goldbraun ist und sich gehoben hat. Mit glatter Petersilie garnieren und sofort servieren.

Schritt *2*

Schritt *3*

Schritt *4*

Mandel-Sesam-Braten

Für diesen schmackhaften Braten werden geröstete Mandeln mit Sesamkörnern, Reis und Gemüse gemischt. Am besten mit einer köstlichen Zwiebel-Pilz-Sauce servieren.

FÜR 4 PERSONEN

ZUTATEN

2 EL Sesam- oder Olivenöl
1 kleine Zwiebel, feingehackt
60 g Risotto-Reis
300 ml Gemüsebrühe (Rezept Seite 12)
1 große Möhre, gerieben
1 große Stange Lauch, geputzt und feingehackt
2 TL Sesamkörner, geröstet
90 g gehackte Mandeln, geröstet
60 g gehackte Mandeln
90 g alter Cheddar, gerieben
2 Eier, verquirlt
1 TL gemischte, getrocknete Kräuter
Salz und Pfeffer
glatte Petersilie zum Garnieren
frisches Gemüse zum Servieren

SAUCE

30 g Butter
1 kleine Zwiebel, feingehackt
125 g Champignons, feingehackt
30 g Mehl
300 ml Gemüsebrühe (Rezept Seite 12)

1 Das Öl in einer großen Pfanne erhitzen. Zwiebeln darin 2–3 Minuten dünsten. Den Reis dazugeben und 5–6 Minuten unter häufigem Rühren kochen.

2 Mit Gemüsebrühe aufgießen, zum Kochen bringen und 15 Minuten köcheln lassen. Gegebenenfalls etwas Wasser nachgießen. Vom Herd nehmen. In eine große Schüssel umfüllen.

3 Die Möhren, Lauch, Sesamkörner, Mandeln, Käse, Eier und Kräuter in die Mischung geben. Gut umrühren, mit Salz und Pfeffer würzen. In eine ausgefettete Kastenform geben, glattstreichen und im vorgeheizten Backofen bei 180°C/Gasstufe 4 etwa 1 Stunde backen, bis der Braten fest ist. 10 Minuten in der Form abkühlen lassen.

4 Für die Sauce Butter in einem kleinen Topf zerlassen. Zwiebel darin goldgelb anbraten, Pilze hinzufügen und nochmals 2 Minuten braten. Mehl einrühren, kurz anbraten. Nach und nach mit Brühe ablöschen. Unter Rühren aufkochen lassen, bis die Sauce eindickt. Mit den Gewürzen abschmecken.

5 Nußbraten aus der Form lösen, in Scheiben schneiden und auf vorgewärmten Tellern mit frischem Gemüse und der Sauce servieren. Mit Zweigen von glatter Petersilie garnieren.

Schritt *1*

Schritt *3*

Schritt *4*

Winterlicher Gemüseeintopf

Linsen und frisches Gemüse aus der Jahreszeit werden mit einem Ring aus Käseteig zu einem schmackhaften Eintopf verarbeitet.

FÜR 4 PERSONEN

ZUTATEN

1 EL Olivenöl
1 Knoblauchzehe, zerdrückt
8 kleine Zwiebeln, halbiert
2 Stangen Sellerie, in Stücke geschnitten
250 g Steckrübe, in Würfel geschnitten
2 Möhren, in Scheiben geschnitten
½ kleiner Blumenkohl, in Röschen zerlegt
250 g Champignons, in Scheiben geschnitten
425 g Tomaten aus der Dose, gehackt
60 g rote Linsen
2 EL Stärkemehl
3–4 EL Wasser
300 ml Gemüsebrühe (Rezept Seite 12)
2 TL Tabascosauce
2 TL Oregano oder Petersilie, frischgehackt
Oreganozweige zum Garnieren

TEIGRING

250 g Mehl, mit Backpulver gemischt
60 g Butter
125 g alter Cheddar, gerieben
2 TL Oregano oder Petersilie, frischgehackt
1 Ei, verquirlt
150 ml fettarme Milch
Salz

1 Öl in einer großen Pfanne erhitzen. Knoblauch und Zwiebel 5 Minuten darin anbraten. Sellerie, Steckrübe, Möhren und Blumenkohl dazugeben und nochmals 2–3 Minuten braten.

2 Vom Herd nehmen. Pilze, Tomaten und Linsen unterrühren. Speisestärke mit Wasser verrühren und mit der Gemüsebrühe, der Tabascosauce und dem Oregano oder der Petersilie zum Gemüse geben. Unter Rühren aufkochen, bis der Eintopf eindickt. In eine feuerfeste Form füllen. Im Ofen zugedeckt bei 180°C/Gasstufe 4 20 Minuten backen.

3 Für den Teigring Mehl und Salz in eine Schüssel geben. Butter, den größten Teil des Käses und die gehackten Kräuter untermischen. Ei und Milch verquirlen und zu den trockenen Zutaten geben. Einen weichen Teig kneten, etwa 1 cm dick ausrollen und Plätzchen mit etwa 5 cm Durchmesser ausstechen.

4 Eintopf aus dem Backofen nehmen. Backtemperatur auf 200°C/Gasstufe 6 erhöhen. Die Plätzchen rings um den Schüsselrand auf den Eintopf legen, mit Ei und Milch bestreichen und mit dem restlichen Käse bestreuen. Nochmals 10–12 Minuten backen, bis der Teig aufgegangen ist und sich eine goldgelbe Kruste gebildet hat. Garnieren und heiß servieren.

Schritt *2*

Schritt *3*

Schritt *4*

Fenchel in Rahmsauce

In dieser Rahmsauce schmeckt Fenchel, mit Kümmel gewürzt, ganz vorzüglich. Der Streuselbelag verleiht dem Ganzen eine interessante, herzhafte Note.

FÜR 4 PERSONEN

ZUTATEN

2 EL Zitronensaft
2 Fenchelknollen, in Scheiben geschnitten
125 g fettarmer Frischkäse
150 ml süße Sahne
150 ml Milch
1 Ei, verquirlt
60 g Butter
2 TL Kümmel
60 g frische Weißbrotkrumen
Salz und Pfeffer
frische Petersilienzweige zum Garnieren

1 Wasser mit Zitronensaft in einem großen Topf zum Kochen bringen. Die Fenchelscheiben darin 2–3 Minuten blanchieren. Gut abtropfen lassen und in eine gefettete, feuerfeste Form füllen.

2 Den Frischkäse in einer Schüssel glattrühren. Sahne, Milch und Ei dazugeben. Alle Zutaten gründlich verrühren, mit Salz und Pfeffer würzen und über den Fenchel gießen.

3 15 g Butter in einer kleinen Pfanne zerlassen und den Kümmel darin 1–2 Minuten braten, bis er sein Aroma entfaltet. Dann den Kümmel über den Fenchel streuen.

4 Die restliche Butter zerlassen. Die frischen Weißbrotkrumen darin hellbraun rösten, dann gleichmäßig über den Fenchelscheiben verteilen.

5 Im vorgeheizten Backofen bei 180°C/Gasstufe 4 25–30 Minuten backen, bis der Fenchel gar ist. Mit frischen Petersilienzweigen garniert servieren.

Schritt *1*

Schritt *2*

Schritt *4*

Spinat-Pfannkuchen-Auflauf

Nussige Buchweizenpfannkuchen mit einer cremigen Spinatmischung werden im Backofen knusprig überbacken.

FÜR 4 PERSONEN

ZUTATEN

125 g Buchweizenmehl
1 Ei, verquirlt
1 EL Walnußöl
300 ml Milch
2 TL Pflanzenöl

FÜLLUNG

1 kg frische Spinatblätter
2 EL Wasser
1 Bund Frühlingszwiebeln, weiß und grün gehackt
2 TL Walnußöl
1 Ei, verquirlt
1 Eigelb
250 g Hüttenkäse
½ TL gemahlene Muskatnuß
30 g alter Cheddar, gerieben
30 g Walnußstücke
Salz und Pfeffer

1 Das Buchweizenmehl in eine Schüssel sieben. Gröbere Spelzen, die nicht durch die Siebporen passen, ebenfalls dazugeben.

2 In die Mitte eine Vertiefung drücken. Mit Ei und Walnußöl füllen. Nach und nach mit der Milch einen glatten Teig anrühren. 30 Minuten ruhen lassen.

3 Für die Füllung Spinat waschen, in einen Topf drücken und mit dem Wasser zugedeckt bei starker Hitze 5–6 Minuten garen.

4 Gut abtropfen und abkühlen lassen. Die Frühlingszwiebeln im Walnußöl 2–3 Minuten leicht anbraten. Auf Küchentüchern abtropfen lassen. Zur Seite stellen.

5 Den Teig kräftig verquirlen. Eine kleine Pfanne mit Öl bestreichen, stark erhitzen und aus dem Teig 8–10 dünne goldgelbe Pfannkuchen backen. Auf einem vorgewärmten Teller warm halten und mit Backpapier abdecken.

6 Den Spinat hacken und mit Küchenpapier trocken tupfen. Mit Frühlingszwiebeln, verquirltem Ei, Eigelb, Hüttenkäse, Muskat und Gewürzen verrühren.

7 Die Pfannkuchen abwechseln mit der Spinatfüllung auf einem mit Backpapier ausgelegten Blech aufschichten. Mit einem Pfannkuchen abschließen. Mit Cheddar bestreuen. Im vorgeheizten Backofen bei 190°/Gasstufe 5 20–25 backen, bis die Ränder knusprig werden. Mit Walnußstücken bestreuen und servieren.

Schritt *5*

Schritt *6*

Schritt *7*

Kokos-Gemüse-Curry

Ein mildes, aber aromatisches Gericht im indischen Stil. Mit Fladenbrot serviert, kann die köstliche Sauce gut aufgenommen werden.

FÜR 6 PERSONEN

ZUTATEN

1 große Aubergine,
in 2,5 cm große Würfel geschnitten
2 EL Salz
2 EL Pflanzenöl
2 Knoblauchzehen, zerdrückt
1 frische, grüne Chilischote,
entkernt und feingehackt
1 TL geriebene Ingwerwurzel
1 Zwiebel, feingehackt
2 TL Garam Masala
8 Kardamomsamen
1 TL gemahlener Gelbwurz
1 EL Tomatenmark
700 ml Gemüsebrühe (Rezept Seite 12)
1 EL Zitronensaft
250 g Kartoffeln, in Scheiben geschnitten
250 g Blumenkohlröschen
250 g Okra, entstielt
250 g gefrorene Erbsen
150 ml Kokosmilch
Salz und Pfeffer
Kokosflocken zum Garnieren
Fladenbrot (Naan) zum Servieren

1 Die Auberginenwürfel in einer Schüssel aufschichten. Jede Schicht mit Salz bestreuen. 30 Minuten ziehen lassen.

2 Salz unter fließendem Wasser abspülen. Abtropfen lassen und mit Küchentüchern trocken tupfen. Zur Seite stellen.

3 Öl in einem großen Topf erhitzen. Knoblauch, Chili, Ingwer, Zwiebel und Gewürze darin 4–5 Minuten goldgelb dünsten.

4 Tomatenmark, Brühe, Zitronensaft, Kartoffeln und Blumenkohl hinzufügen, gut rühren. Zum Kochen bringen und zugedeckt 15 Minuten köcheln lassen.

5 Aubergine, Okra, Erbsen und Kokosmilch einrühren. Würzen. Nochmals aufkochen und bei mittlerer Hitze ohne Deckel 10 Minuten garen. Kardamomsamen entfernen.

6 Auf einer vorgewärmten Platte, mit Kokosflocken garniert, anrichten. Mit Naan servieren.

Schritt *1*

Schritt *4*

Schritt *5*

Mexikanischer Chili-Mais-Auflauf

Dieser Auflauf aus Mais und roten Kidney-Bohnen wird mit Chili und frischem Koriander gewürzt. Der „Deckel“ besteht aus knusprigem Maismehlbrot.

FÜR 4 PERSONEN

ZUTATEN

1 EL Maisöl
2 Knoblauchzehen, zerdrückt
1 roter Paprika, entkernt und in Stücke geschnitten
1 grüner Paprika, entkernt und in Stücke geschnitten
1 Stange Sellerie, in Stücke geschnitten
1 TL scharfes Chilipulver
425 g Tomaten aus der Dose, gehackt
325 g Maiskörner aus der Dose, abgetropft
215 g Kidney-Bohnen aus der Dose, gespült und abgetropft
2 EL frischer, gehackter Koriander
Salz und Pfeffer
frische Korianderzweige zum Garnieren
Tomaten-Avocadosalat zum Servieren

BROTBELAG

125 g Maismehl
1 EL Weißmehl
½ TL Salz
2 TL Backpulver
1 Ei, verquirlt
90 ml Milch
1 EL Maisöl
125 g alter Cheddar, gerieben

1 Öl in einer schweren Pfanne erhitzen und darin Knoblauch, Paprika und Sellerie 5–6 Minuten weich dünsten.

2 Chilipulver, Tomaten, Mais, Bohnen und Gewürze dazugeben. Das Ganze zum Kochen bringen und 10 Minuten köcheln lassen. Koriander unterheben und die Mischung in eine feuerfeste Form füllen.

3 Für den Brotbelag Maismehl, Mehl, Salz und Backpulver vermischen und eine Vertiefung in die Mitte drücken. Milch, Ei und Öl hineingeben und von innen nach außen zu einem glatten Teig verrühren.

4 Gleichmäßig über der Gemüsemischung verteilen und mit dem geriebenen Käse bestreuen. Im vorgeheizten Backofen bei 220°C/Gasstufe 7 20–25 Minuten goldbraun backen.

5 Mit Korianderzweigen garnieren und sofort servieren. Als Beilage Tomaten-Avocadosalat reichen.

Schritt *2*

Schritt *3*

Schritt *4*

GRILLGERICHTE

Wer glaubt, daß sich vegetarische Grillgerichte auf Pilzspießchen beschränken, der wird im folgenden sicher vom Gegenteil überzeugt. Wie wäre es zum Beispiel mit gegrilltem Gemüse mit Tomaten-Dressing (Seite 218) oder Mozzarella mit gegrilltem Radicchio (Seite 232)? Mit den phantasievollen Rezepten in diesem Kapitel kann man wirklich jedem Grillfest Würze verleihen. Die Gerichte enthalten alle ausreichend Eiweiß – entweder in Form von Käse, Bohnen oder Tofu –, und da die meisten Zutaten Gemüse sind, stimmt auch die Versorgung mit wichtigen Vitaminen, Mineralstoffen und Kohlenhydraten.

Soll die Grillparty ganz zwanglos stattfinden, sollte das Grillgut einfach zu essen sein. Mundgerechte Portionen oder gefüllte Zutaten, die mit der Gabel oder aus der Hand gegessen werden, eignen sich am besten.

Doch vor dem Grillen müssen einige Vorbereitungen getroffen werden. Zum Beispiel schmecken manche Zutaten besser, wenn man sie mariniert, andere sollten auf Spieße gesteckt werden. Wenn man im voraus entsprechend plant, findet man bestimmt genügend Zeit, beim Grillen gemeinsam mit den Gästen zu entspannen.

Gefüllte Weinblätter mit Frischkäse & Mandeln

Eine herrliche Füllung aus Frischkäse, gehackten Datteln, gemahlenen Mandeln und leicht gerösteten Nüssen wird in Weinblätter eingeschlagen.

FÜR 4 PERSONEN

ZUTATEN

300 g Frischkäse (Rahmstufe)
60 g Mandeln, gemahlen
30 g Datteln, entkernt und gehackt
30 g Butter
30 g Mandelsplitter
12–16 Weinblätter
Salz und Pfeffer
gegrillte Maiskölbchen zum Servieren

ZUM GARNIEREN

Rosmarinzweige
Tomatenschnitze

1 Den Frischkäse in einer großen Schüssel glattrühren. Mit gemahlenen Mandeln und gehackten Datteln gründlich mischen. Mit Salz und Pfeffer würzen.

2 Die Butter in einem kleinen Topf zerlassen. Die Mandelsplitter dazugeben und 2–3 Minuten bei mittlerer Hitze goldbraun rösten. Vom Herd nehmen und einige Minuten abkühlen lassen.

3 Die gerösteten Mandeln unter die Käsemischung rühren und gut vermengen.

4 Die Weinblätter in Wasser legen, damit sie einen Teil ihres Salzes verlieren (falls in Salzlauge eingelegt). Danach abtropfen lassen und die Blätter auf der Arbeitsfläche ausbreiten. Mit einem Löffel auf jedes Weinblatt eine etwa gleich große Menge Käsefüllung geben. Die Blattränder einschlagen, so daß die Füllung schön verpackt ist.

5 Je ein bis zwei Weinblatt-Päckchen in ein Stück Aluminiumfolie wickeln. 8–10 Minuten auf den Grill legen, bis sie durchgewärmt sind. Zwischendurch einmal wenden.

6 Mit Rosmarinzweigen und Tomatenschnitzen garnieren und dazu gegrillte Maiskölbchen servieren.

Schritt *1*

Schritt *3*

Schritt *4*

Geröstetes Gemüse auf Rosmarin-Spießen

Rosmarinzweige können als Pinsel zum Marinieren oder als Grillspießchen verwendet werden. Beim Kauf auf möglichst lange Zweige achten.

FÜR 6 PERSONEN

ZUTATEN

1 kleiner Rotkohl
1 Fenchelknolle
1 oranger Paprika,
in 3,5 cm große Stücke geschnitten
1 Aubergine, halbiert und in
1 cm breite Scheiben geschnitten
2 Zucchini,
diagonal in dicke Scheiben geschnitten
Olivenöl zum Bestreichen
6 Rosmarinzweige, etwa 15 cm lang und
8 Stunden in Wasser eingeweicht
Salz und Pfeffer

1 Den Rotkohl von der Spitze zum Strunk einmal halbieren. Jede Hälfte in vier gleiche Teile schneiden, so daß jeder Schnitz an der Basis durch den Strunk zusammengehalten wird. Den Fenchel auf dieselbe Weise zerlegen.

2 Rotkohl und Fenchel in kochendem Wasser 3 Minuten blanchieren, herausnehmen und gut abtropfen lassen.

3 Alle Gemüsestücke in der Mitte mit einem spitzen Holzspieß durchbohren.

4 Jeden Rosmarinzweig mit Paprika, Fenchel, Rotkohl, Aubergine und Zucchini bestücken, dabei die vorgebohrten Löcher benutzen.

5 Das Gemüse großzügig mit Olivenöl bestreichen. Mit reichlich Salz und Pfeffer würzen.

6 Über heißer Glut 8–10 Minuten grillen, gelegentlich die Spieße drehen. Heiß servieren.

Schritt *1*

Schritt *3*

Schritt *4*

Gegrillter Haloumi mit Tomaten-Zwiebel-Salat

Haloumi ist ein zypriotischer Käse, der, nur kurz gegrillt, nicht schmilzt und ein herrliches Aroma entfaltet.

FÜR 4 PERSONEN

ZUTATEN

500 g Haloumi, in dicke Scheiben geschnitten
Orangenmarinade
½ unbehandelte Orange
60 ml Olivenöl
2 EL trockener Weißwein
2 EL Weißweinessig
½ EL frischer Schnittlauch, gehackt
½ EL frischer Majoran, gehackt
Salz und Pfeffer

SALAT

250 g Flaschentomaten
1 kleine rote Zwiebel
4 EL Olivenöl
2 EL Apfelessig
1 TL Zitronensaft
1 Prise gemahlener Koriander
2 TL frischer Koriander, gehackt
Salz und Pfeffer
frische Basilikumzweige zum Garnieren

1 Für die Marinade Orangeschale in kleine Stücke schneiden oder fein abreiben, dann den Saft auspressen. Schale und Saft in einer kleinen Schüssel gründlich mit allen übrigen Zutaten vermischen.

2 Eine flache Schüssel mit dem in Scheiben geschnittenen Haloumi auslegen, mit Marinade übergießen. Zugedeckt mindestens 30 Minuten ziehen lassen.

3 Für den Salat die Tomaten in Scheiben schneiden und auf eine Servierplatte legen. Die Zwiebel in dünne Ringe schneiden, über den Tomatenscheiben verteilen.

4 Mit dem Schneebesen Olivenöl, Essig, Zitronensaft, gemahlenen und frischen Koriander verrühren. Mit Salz und Pfeffer abschmecken. Das Dressing über die Tomaten-Zwiebeln träufeln. Zudecken und kalt stellen.

5 Den Haloumi aus der Marinade nehmen und über heißer Glut von jeder Seite eine Minute grillen. Auf Tellern anrichten und mit dem Salat servieren.

Schritt *2*

Schritt *3*

Schritt *4*

Gegrillte Bohnen-Burger

Diese schmackhaften Bratlinge eignen sich bestens als Brötchenfüllung bei sommerlichen Grillfesten, schmecken aber im Winter auf dem Herd gebraten ebenso köstlich.

FÜR 6 PERSONEN

ZUTATEN

125 g Adzuki-Bohnen
125 g Schwarzerbsen
6 EL Pflanzenöl
1 große Zwiebel, feingehackt
1 TL Hefeextrakt
125 g Möhren, gerieben
90 g Mehrkornbrot, zerkrümelt
2 EL Vollkornmehl
Salz und Pfeffer

GRILLSAUCE

½ TL Chilipulver
1 TL Selleriesalz
2 TL heller Rohrzucker
2 EL Rotweinessig
2 EL vegetarische Worcestersauce
3 EL Tomatenmark
1 Schuß Tabascosauce

ZUM SERVIEREN

6 Vollkornbrötchen, aufgewärmt
gemischter grüner Salat
gebratene Kartoffelscheiben

1 Die Hülsenfrüchte in verschiedenen Töpfen mit Wasser bedecken und zum Kochen bringen. Die Adzuki-Bohnen zugedeckt 40 Minuten köcheln lassen, die Schwarzerbsen 50 Minuten weich kochen. Abgießen und gut mit kaltem Wasser spülen.

2 In eine Rührschüssel geben und leicht mit einem Kartoffelstampfer oder einer Gabel zerdrücken. Beiseite stellen.

3 Einen Eßlöffel Öl in der Pfanne erhitzen und die Zwiebel darin 3–4 Minuten weich dünsten. Mit Hefeextrakt, geriebener Möhre, zerkrümeltem Brot und den Gewürzen zur Bohnenmischung geben. Alles gut durchkneten.

4 Mehl auf einen Teller streuen. Mit feuchten Händen 6 Bratlinge mit einem Durchmesser von etwa 8 cm formen. Rundum in Mehl wälzen.

5 Das restliche Öl in einer großen Pfanne erhitzen. Die Bratlinge darin von jeder Seite 3–4 Minuten braten, bis sie goldgelb sind. Vorsichtig wenden. Anschließend auf Küchenpapier abtropfen lassen.

6 Währenddessen die Sauce zubereiten. Alle Zutaten gut vermischen. Die Bratlinge zwischen die vorgewärmten Brötchenhälften legen. Mit gemischtem grünem Salat, gebratenen Kartoffelscheiben und einem Löffel Grillsauce servieren.

Schritt *2*

Schritt *3*

Schritt *4*

Gegrilltes Gemüse mit Tomaten-Chili-Dressing

Für diesen ungewöhnlichen, heißen Salat werden farbenfrohe Gemüsesorten über glühenden Kohlen gegrillt und mit einer scharfen Chilisauce serviert.

FÜR 4 PERSONEN

ZUTATEN

1 roter Paprika, entkernt
1 oranger oder gelber Paprika, entkernt
2 Zucchini
2 Maiskolben
1 Aubergine
Olivenöl zum Bestreichen
Thymian, Rosmarin und Petersilie, frisch gehackt
Limonen- oder Zitronenschnitze zum Servieren

DRESSING

2 EL Olivenöl
1 EL Sesamöl
1 Knoblauchzehe, zerdrückt
1 kleine Zwiebel, feingehackt
1 Stange Sellerie, feingehackt
1 kleine, grüne Chilischote, entkernt und feingehackt
4 Tomaten, gehackt
5 cm Salatgurke, feingehackt
1 EL Tomatenmark
1 EL Limonen- oder Zitronensaft

1 Für das Dressing Olivenöl und Sesamöl mischen und in einem Topf oder einer Pfanne erhitzen. Knoblauch und Zwiebel darin 3 Minuten weich dünsten.

2 Sellerie, Chili und Tomaten hinzufügen und bei mittlerer Hitze unter ständigem Rühren 5 Minuten kochen lassen.

3 Die vorbereitete Salatgurke, Tomatenmark und Limonen- oder Zitronensaft unterrühren und 8–10 Minuten köcheln lassen, bis die Mischung eindickt. Mit Salz und Pfeffer würzen.

4 Das Gemüse in dicke Scheiben schneiden und mit wenig Olivenöl bestreichen.

5 Die Gemüsestücke 5–8 Minuten bei starker Hitze grillen. Auf dem Grill mit Salz, Pfeffer und frischen Kräutern bestreuen, einmal wenden.

6 Die Gemüsestücke auf vier Tellern verteilen, einen Löffel Dressing dazugeben. Nochmals mit gehackten Kräutern bestreuen, mit Limonen- oder Zitronenschnitzen garnieren und sofort servieren.

Schritt *1*

Schritt *2*

Schritt *4*

Gegrillte Maiskolben

Maiskolben sind fast das ganze Jahr über erhältlich und können in den Hüllblättern oder ohne gegrillt werden.

FÜR 4–6 PERSONEN

ZUTATEN

4–6 Maiskolben
Öl zum Bestreichen

ZUM SERVIEREN

Butter (nach Belieben)
Salz (nach Belieben)

1 Die Maiskolben 20 Minuten in handwarmem Wasser einweichen. Gut abtropfen lassen.

2 Falls die Maiskolben keine Blätter tragen, mit Öl bestreichen und über einem heißen Grill 30 Minuten rösten. Häufig wenden und jedesmal mit Öl bestreichen.

3 Bei Maiskolben mit Hüllblättern alle Blätter bis auf die untersten zwei Blattlagen entfernen und mit Öl bestreichen.

4 Über heißer Glut 40 Minuten grillen. Währenddessen ein- oder zweimal mit Öl bestreichen und gelegentlich wenden.

5 Heiß und ohne Hüllblätter servieren. Nach Belieben mit einem Teelöffel Butter und etwas Salz reichen.

Schritt *2*

Schritt *3*

Schritt *4*

Fladenbrot mit Gemüsecurry-Spießen

Zu den gegrillten Gemüsespießen im würzigen Joghurt-Mantel wird warmes indisches Fladenbrot gereicht.

FÜR 4 PERSONEN

ZUTATEN

Fladenbrot (Naan) zum Servieren
frische Minzezweige zum Garnieren

JOGHURT-MANTEL

150 ml Naturjoghurt
1 EL frische Minze, gehackt oder
1 TL getrocknete Minze
1 TL gemahlener Kreuzkümmel
1 TL gemahlener Koriander
½ TL Chilipulver
1 Prise Gelbwurz
1 Prise gemahlener Ingwer

SPIESSE

8 kleine neue Kartoffeln
1 kleine Aubergine
1 Zucchino, in Stücke geschnitten
8 Steinpilzchampignons
8 Cocktailtomaten

1 Für den Joghurt-Mantel Minze, Kreuzkümmel, Koriander, Chilipulver, Gelbwurz und Ingwer unter das Joghurt rühren. Mit Salz und Pfeffer würzen, dann abdecken und kalt stellen.

2 Die Kartoffeln in kochendem Wasser bißfest garen. Währenddessen die Aubergine in Stücke schneiden und großzügig mit Salz bestreuen. 10–15 Minuten ziehen lassen, damit sie den bitteren Geschmack verliert. Abspülen und gut abtropfen lassen. Kartoffeln abgießen.

3 Die Gemüsestücke abwechselnd auf 4 Metall- oder Holzspieße stecken. Holzspieße müssen vorher 30 Minuten in warmem Wasser eingeweicht werden.

4 Die Spieße in eine flache Schale legen und gleichmäßig mit der Joghurtmischung bestreichen. Zugedeckt kühl stellen, bis die Spieße gegrillt werden.

5 Das Fladenbrot in Aluminiumfolie wickeln und am Rand des Grillgeräts erwärmen.

6 Die Spieße auf den Grill legen und mit der restlichen Joghurtmischung bestreichen, bis sie leicht angebraten sind. Mit frischen Minzezweigen garnieren und mit dem warmen Fladenbrot (Naan) servieren.

Schritt *2*

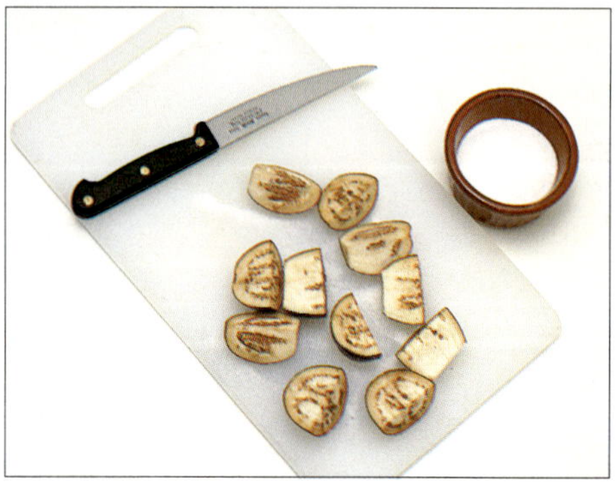

Schritt *3*

Schritt *4*

Gefüllte Ofenkartoffeln

Die Kartoffeln im Backofen garen, in Folie wickeln und am Rand des Grillgeräts warm halten, bis sie mit abwechslungsreichen Zutaten gefüllt werden können.

FÜR 4 PERSONEN

ZUTATEN

große oder 8 mittelgroße neue Kartoffeln
Paprika- oder Chilipulver und
frische Kräuter zum Garnieren

MEXIKANISCHES MAISRELISH

250 g Maiskörner aus der Dose, abgetropft
½ roter Paprika, entkernt und feingehackt
5 cm Salatgurke, feingehackt
½ TL Chilipulver
Salz und Pfeffer

BLAUSCHIMMELKÄSE-SELLERIE-SCHNITTLAUCH-FÜLLUNG

125 g Frischkäse, Rahmstufe
125 g Quark
125 g Blauschimmelkäse, in Würfel geschnitten
1 Stange Sellerie, feingehackt
2 TL frischer Schnittlauch, gehackt
Selleriesalz und Pfeffer

PILZ-TOMATENFÜLLUNG

30 g Butter oder Margarine
250 g kleine Champignons
150 g Naturjoghurt
1 EL Tomatenmark
2 TL mildes Currypulver
Salz und Pfeffer

1 Die Kartoffeln bürsten und mit einer Gabel einstechen. Im vorgeheizten Backofen bei 200°C/Gasstufe 6 etwa 1 Stunde backen, bis sie weich sind.

2 Für das mexikanische Maisrelish die Hälfte der Maiskörner in eine Schüssel geben. Den Rest mit der Hand oder in der Küchenmaschine 10–15 Sekunden pürieren. Den Maiskörnerbrei mit den Maiskörnern, dem Paprika, der Gurke und Chilipulver vermischen. Nach Belieben würzen.

3 Für die Blauschimmelkäsefüllung Frischkäse und Quark zusammen glattrühren. Den Blauschimmelkäse, Sellerie und Schnittlauch dazugeben. Mit Selleriesalz und Pfeffer würzen.

4 Für die würzige Pilz-Tomatenfüllung die Butter oder Margarine in einem kleinen Topf zerlassen. Die Pilze darin 3–4 Minuten dünsten. Vom Herd nehmen. Joghurt, Tomatenmark und Currypulver unterrühren. Nach Belieben salzen und pfeffern.

5 Die gebackenen Kartoffeln in Alufolie wickeln und am Rand des Grills warm halten. Vor dem Verzehr füllen und mit Paprikapulver, Chilipulver oder frischen Kräutern garnieren.

Schritt *2*

Schritt *3*

Schritt *4*

Gefüllte rote Paprika

Gefüllte Paprika sind nichts Neues,
aber diese Variante eignet sich speziell zum Grillen.

FÜR 4 PERSONEN

ZUTATEN

2 rote Paprika,
der Länge nach halbiert und entkernt
2 Tomaten, halbiert
2 Zucchini, der Länge nach halbiert
1 rote Zwiebel, in 8 Schnitze geschnitten und an der Basis durch die Wurzel zusammengehalten
4 EL Olivenöl
2 EL frische Thymianblätter
60 g Basmati-Wildreis-Mischung, gekocht
Salz und Pfeffer

1 Paprika-, Tomaten- und Zucchinihälften mit den Zwiebelschnitzen auf ein Backblech legen. Das Gemüse mit Olivenöl bestreichen und mit den Thymianblättern bestreuen.

2 Paprika, Zwiebel und Zucchini auf einem mittelheißen Grill von beiden Seiten 3 Minuten grillen.

3 Sobald die Paprika gar sind, die Hälften mit einem Löffel der gekochten Reismischung füllen, mit Zwiebel und Zucchini bedecken.

4 Die Tomatenhälften nur 2–3 Minuten grillen, dann ebenfalls auf die gefüllten Paprikahälften legen. Mit reichlich Salz und Pfeffer würzen und gleich servieren.

Schritt *1*

Schritt *2*

Schritt *3*

Gegrillter Lauch

Diese einfache, aber ausgezeichnete Gemüsebeilage bereitet man am besten mit hochwertigem französischem oder italienischem Olivenöl zu.

FÜR 4–6 PERSONEN

ZUTATEN

4 Stangen Lauch
3 EL Olivenöl
2 TL Balsamessig
Meersalz und Pfeffer

1 Den Lauch der Länge nach halbieren. Das Messer dabei so führen, daß der Lauch durch seine Basis zusammengehalten wird. Alle Lauchhälften großzügig mit Olivenöl bestreichen.

2 6–7 Minuten über heißer Glut grillen, zwischendurch einmal wenden.

3 Die Lauchhälften vom Grill nehmen und leicht mit Balsamessig bestreichen.

4 Mit Salz und Pfeffer bestreuen und warm oder kalt servieren.

Schritt *1*

Schritt *2*

Schritt *3*

Tofu-Pilz-Spießchen

Die Tofu-Würfel und Pilze werden in einer Zitronen-Knoblauch-Kräutersauce mariniert und erhalten dadurch ein köstliches Aroma.

FÜR 4 PERSONEN

ZUTATEN

1 unbehandelte Zitrone
1 Knoblauchzehe, zerdrückt
4 EL Olivenöl
4 EL Weißweinessig
1 EL frisch gehackte Kräuter, z. B. Rosmarin, Petersilie und Thymian
300 g geräucherter Tofu
350 g Pilze, gesäubert
Salz und Pfeffer
frische Kräuter zum Garnieren

ZUM SERVIEREN

gemischter Blattsalat
halbierte Cocktailtomaten

1 Die Zitronenschale fein abreiben und den Saft auspressen.

2 Mit Knoblauch, Olivenöl, Essig und Kräutern in einer kleinen Schüssel verrühren. Mit Salz und Pfeffer abschmecken.

3 Den Tofu in große Würfel schneiden. Die Stücke abwechselnd mit den Pilzen auf Metall- oder Holzspießchen stecken. Holzspieße müssen vor Gebrauch unbedingt in handwarmem Wasser 30 Minuten eingeweicht werden.

4 Die fertigen Spieße in eine flache Schüssel legen und mit der Marinade übergießen. Zugedeckt 2–3 Stunden kalt stellen, von Zeit zu Zeit die Spieße in der Marinade wenden.

5 Die Spieße etwa 6 Minuten auf den heißen Grill legen, mit Marinade bestreichen und häufig wenden.

6 Mit frischen Kräutern garnieren, mit gemischtem grünem Salat und Cocktailtomaten servieren.

Schritt *1*

Schritt *2*

Schritt *3*

Mozzarella mit gegrilltem Radicchio

Mozzarellascheiben, Tomaten und leicht gerösteter Radicchio werden mit Pestosauce verfeinert.

FÜR 4 PERSONEN

ZUTATEN

500 g Mozzarella
4 große Tomaten, in Scheiben geschnitten
2 Radicchio

DRESSING

frische Basilikumblätter zum Garnieren
1 EL roter oder grüner Pesto
6 EL natives Olivenöl
3 EL Rotweinessig
1 Handvoll frische Basilikumblätter
Salz und Pfeffer

1 Für das Dressing Pesto, Olivenöl und Rotweinessig mischen.

2 Die frischen Basilikumblätter in winzige Stücke zerreißen und in das Dressing geben. Mit Salz und Pfeffer würzen.

3 Den Mozzarella in dünne Scheiben schneiden und auf vier Tellern mit Tomaten anrichten.

4 Jeden Radicchio vierteln, ohne den Strunk zu entfernen. Kurz auf den Grill legen, bis die Blattränder leicht angebräunt sind. Auf jeden Teller zwei Viertel legen.

5 Radicchio, Mozzarella und Tomaten mit dem Dressing beträufeln. Mit zusätzlichen Basilikumblättern garnieren und sofort servieren.

Schritt *1*

Schritt *3*

Schritt *4*

DESSERTS

Ob man Vegetarier ist oder nicht – zu einer vollständigen Mahlzeit gehört für viele, die es süß mögen, auch ein verlockender Nachtisch. Desserts stillen das tiefverwurzelte Verlangen nach Süßem und tragen zu unserem Wohlbefinden bei.
Dennoch enthalten sie oft Unmengen von Fett und Zucker, so daß sie manchmal nicht ganz zu Unrecht als „Kalorienbombe“ bezeichnet werden.
Die hier vorgestellten Rezepte bieten einen Ausweg aus diesem Dilemma: leichte, und doch aromatische Desserts, die auf der Zunge zergehen, die Taille schonen und den Magen nicht verrenken. Dies ist besonders wichtig, da vegetarische Gerichte ohnehin oft ballaststoffreich und sehr sättigend sind.
Die meisten Rezepte basieren auf Obst. Mit dieser idealen Zutat ist ein Nachtisch gesund und mindestens ebenso köstlich wie üppige Cremes oder Sahnespeisen. Es lohnt sich, den erfrischenden grünen Obstsalat mit Minz-Zitronen-Sirup (Seite 248) oder das vorzügliche Aprikosen-Brûlée (Seite 238) zu probieren. Schleckermäuler kommen mit der Bostoner Schokoladentorte (Seite 240) oder bei Eis mit Schokoladenstückchen (Seite 244) auf ihre Kosten.

Brombeer-Apfel-Feigen-Kompott mit Honigjoghurt

Der Sirup zu diesem erfrischenden Kompott enthält Holunderblütenlikör, was ihm ein himmlisches Sommeraroma verleiht.

FÜR 4 PERSONEN

ZUTATEN

1 unbehandelte Zitrone
60 g sehr feiner Zucker
4 EL Holunderblütenlikör
300 ml Wasser
4 Dessertäpfel
250 g Brombeeren
2 frische Feigen

HONIGJOGHURT

150 ml Naturjoghurt
2 EL flüssiger Honig

1 Die Zitrone mit einem Kartoffelschäler schälen, dann den Saft auspressen. Saft und Schale in einem kleinen Topf mit Zucker, Holunderblütenlikör und Wasser bei schwacher Hitze 10 Minuten köcheln lassen. Den Topf nicht zudecken.

2 Die Äpfel schälen, entkernen und in Schnitze schneiden. In den Topf geben und weitere 4–5 Minuten köcheln lassen, bis die Schnitze gerade gar sind. Abkühlen lassen.

3 Äpfel und Sirup in eine Servierschüssel umfüllen, Brombeeren dazugeben. Die Feigen in Stücke schneiden und vorsichtig unterheben. Bis zum Servieren zugedeckt kalt stellen.

4 Den Joghurt in ein Schüsselchen füllen und mit Honig beträufeln. Zudecken und bis zum Servieren kalt stellen.

Schritt *1*

Schritt *2*

Schritt *3*

Aprikosen-Brûlée

Dieses köstliche Dessert sollte zu einem besonderen Anlaß mit knusprigen Baisers gereicht werden.

FÜR 6 PERSONEN

ZUTATEN

125 g ungeschwefelte Aprikosen, getrocknet
150 ml Orangensaft
4 Eigelb
2 EL feiner Zucker
150 ml Naturjoghurt
150 ml Crème fraîche
1 TL Vanilleextrakt
90 g brauner Rohrzucker
Baisers zum Servieren (nach Belieben)

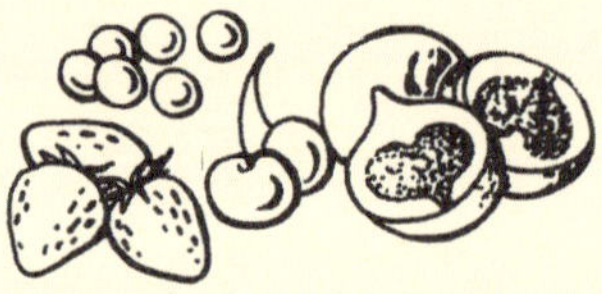

1 Aprikosen und Orangensaft in eine Schüssel geben und mindestens 1 Stunde ziehen lassen. In einen kleinen Topf umfüllen, langsam aufkochen und 20 Minuten köcheln lassen. In der Küchenmaschine oder mit dem Mixer pürieren oder mit der Hand fein hacken und durch ein Sieb streichen.

2 Eigelb mit dem Zucker schaumig rühren. Das Joghurt mit Créme fraîche und dem Vanilleextrakt in einem kleinen Topf bei schwacher Hitze zum Kochen bringen.

3 Die Joghurtmischung mit dem geschlagenen Eigelb verquirlen und dann im Wasserbad so lange weiterrühren, bis die Mischung eindickt.

4 Die Aprikosenmischung auf 6 Souffléförmchen verteilen und vorsichtig mit der Joghurtcreme abdecken. Abkühlen lassen und danach im Kühlschrank kalt stellen.

5 Den Backofengrill auf stärkster Stufe vorheizen. Jedes Förmchen mit braunem Rohrzucker bestreuen, in den Backofen schieben und grillen, bis der Zucker karamelisiert. Abkühlen lassen. Zum Servieren die harte Karamelkruste mit dem Löffelrücken aufbrechen.

Schritt *3*

Schritt *4*

Schritt *5*

Bostoner Schokoladentorte

Diese leichtere Version der berühmten Schokoladencremetorte wird mit Joghurt und Crème fraîche zubereitet.

FÜR 6 PERSONEN

ZUTATEN

250 g fertiger Mürbeteig
Schokoladensplitter
250 g Blockschokolade

FÜLLUNG

3 Eier
125 g feiner Zucker
60 g Mehl
1 EL Puderzucker
1 Prise Salz
1 TL Vanilleextrakt
400 ml Milch
150 ml Naturjoghurt
150 g Blockschokolade, in Stücke gebrochen
2 EL Kirschwasser

ZUM VERZIEREN

150 ml Crème fraîche
Schokoladensplitter

1 Den Mürbeteig ausrollen und damit eine Springform (23 cm) auslegen. Mit einer Gabel Löcher in den Boden stechen, mit Backpapier auslegen und mit getrockneten Bohnen bestreuen. Im vorgeheizten Backofen bei 200°C/Gasstufe 6 etwa 20 Minuten blindbacken. Bohnen und Backpapier entfernen, nochmals 5 Minuten backen. Auf einem Drahtgitter abkühlen lassen.

2 Für die Schokoladensplitter die Schokoladenstücke auf einem großen Teller ausbreiten und über heißem Wasserdampf schmelzen lassen. Mit einer Palette auf einer kühlen Oberfläche verstreichen. Sobald die Masse abgekühlt ist, mit einem scharfen Messer unter Druck waagrecht über die Oberfläche streifen, bis gerollte Schokoladensplitter entstehen.

3 Für die Füllung Eier mit dem Zucker schaumig rühren. Mehl, Puderzucker und Salz in die Eimasse sieben und gut verrühren. Den Vanilleextrakt einrühren.

4 Milch und Joghurt in einem kleinen Topf langsam aufkochen lassen. Durch ein Sieb in die Eimischung gießen. Im Wasserbad unter Rühren eindicken lassen, bis die Masse am Kochlöffel haften bleibt.

5 Schokolade in einem kleinen Topf bei schwacher Hitze zerlassen, mit Kirschwasser mischen und sobald sie flüssig ist, unter die eingedickte Eimischung rühren. Vom Herd nehmen und abkühlen lassen.

6 Die Schokoladenmischung auf dem Mürbeteigboden verstreichen. Die Créme fraîche darüber geben und mit den Schokoladensplittern verzieren.

Schritt 2

Schritt 4

Schritt 6

Warme Johannisbeeren in Cassis

Crème de Cassis ist ein schwarzer Johannisbeerlikör aus Frankreich. Er ist bestens geeignet, fruchtigen Desserts Aroma zu verleihen.

FÜR 4 PERSONEN

ZUTATEN

375 g schwarze Johannisbeeren
250 g rote Johannisbeeren
4 EL sehr feiner Zucker
abgeriebene Schale und Saft von einer unbehandelten Orange
2 TL Pfeilwurzstärke
2 EL Créme de Cassis
Schlagsahne zum Servieren

1 Die Johannisbeeren mit einer Gabel vom Stiel in einen Topf streifen.

2 Mit Zucker, Orangenschale und -saft verrühren und langsam erhitzen, bis sich der Zucker gelöst hat. Aufkochen und 5 Minuten köcheln lassen.

3 Die Johannisbeeren durch ein Sieb abtropfen. In eine Schüssel geben und den Saft nochmals in den Topf füllen. Pfeilwurzstärke in etwas Wasser lösen, mit dem Johannisbeersaft verrühren und kochen, bis die Flüssigkeit eindickt.

4 Leicht abkühlen lassen, dann den Cassis unterrühren.

5 Auf vier Desserttellern mit Schlagsahne servieren.

Schritt *1*

Schritt *2*

Schritt *3*

Eis mit Schokoladenstückchen

Dieses gefrorene Dessert vereint das Beste aus zwei Welten – köstliches Gebäck mit cremig-zartem Vanilleeis.

FÜR 6 PERSONEN

ZUTATEN

300 ml Milch
1 Vanilleschote
2 Eier
2 Eigelb
60 g sehr feiner Zucker
300 ml Naturjoghurt
125 g Kekse mit Schokoladenstückchen, in kleine Stücke gebrochen

1 Die Milch mit der Vanilleschote in einem kleinen Topf langsam zum Kochen bringen. Vom Herd nehmen und zugedeckt abkühlen lassen.

2 Eier und Eigelb in einer Schüssel im Wasserbad verquirlen. Zucker dazugeben und weiterschlagen, bis die Mischung blaß und schaumig wird.

3 Die Milch erneut erhitzen, ohne aufzukochen. Durch ein Sieb in die Eimischung gießen. Ständig rühren, bis die Masse an der Rückseite eines Kochlöffels haften bleibt. Vom Herd nehmen und in kaltem Wasser abkühlen lassen. Die Vanilleschote abspülen und für den späteren Gebrauch trocken tupfen.

4 Den Joghurt gut in die abgekühlte Masse einarbeiten. Sobald die Masse kalt ist, die zerbrochenen Kekse unterheben.

5 Das Ganze in eine vorgekühlte Keksdose aus Metall oder eine Gefrierbox aus Polyethylen füllen und zugedeckt 4 Stunden in den Gefrierschrank stellen. Nach jeder Stunde herausnehmen, in einen vorgekühlten Behälter umfüllen und kräftig durchrühren, damit sich keine Eiskristalle bilden. Die Mischung kann auch in einer Eismaschine nach Herstellerhinweisen zubereitet werden.

6 Vor dem Servieren eine Stunde in den Kühlschrank stellen. In Kugeln portionieren.

Schritt *1*

Schritt *4*

Schritt *5*

Süßer Kirschauflauf

Dieses Dessert ist schnell und einfach zubereitet. Statt der Kirschen kann man auch andere Früchte verwenden – besonders köstlich schmeckt der Auflauf mit Aprikosen oder Pflaumen.

FÜR 6 PERSONEN

ZUTATEN

125 g Mehl
4 Eier, leicht verquirlt
2 EL sehr feiner Zucker
1 Prise Salz
600 ml Milch
Butter zum Fetten der Form
500 g schwarze Kirschen,
frisch oder aus dem Glas, entkernt
3 EL Cognac
1 EL Zucker zum Bestreuen

1 Das Mehl in eine große Schüssel sieben. In die Mitte eine Vertiefung drücken. Eier, Zucker und Salz hineingeben. Etwas Mehl vom Rand mit den Eiern verquirlen.

2 Die Milch dazugeben. Den Teig mit einem Schneebesen mit kräftigen Schlägen glattrühren.

3 Eine feuerfeste Form (1,75 l Fassungsvermögen) mit Butter einfetten und die Hälfte des Teiges hineingeben.

4 Die Kirschen darauf verteilen und mit dem restlichen Teig bedecken. Mit Cognac beträufeln.

5 Im vorgeheizten Backofen bei 180°/Gasstufe 4 40 Minuten backen.

6 Aus dem Backofen nehmen, warm und mit Zucker bestreut servieren.

Schritt *1*

Schritt *2*

Schritt *4*

Grüner Obstsalat mit Minz-Limonen-Sirup

Dieser erfrischende Obstsalat ist der perfekte Abschluß einer sommerlichen Grillparty. Der leichte Sirup enthält Minze und Honig.

FÜR 4 PERSONEN

ZUTATEN

2 kleine Honigmelonen
2 grüne Äpfel
2 Kiwis
125 g grüne Trauben, kernlos
frische Minzezweige zum Garnieren

SIRUP

1 Zitrone
150 ml Weißwein
150 ml Wasser
4 EL flüssiger Honig
etwas frische Minze

1 Für den Sirup die Zitrone mit einem Kartoffelschäler schälen.

2 Die Zitronenschale mit Weißwein, Wasser und Honig in einem kleinen Topf zum Kochen bringen. 10 Minuten köcheln lassen. Vom Herd nehmen. Die Minzezweige hinzufügen und abkühlen lassen.

3 Die Melonen halbieren und entkernen. Mit einem Portionierer oder Teelöffel Kugeln ausstechen.

4 Die Äpfel entkernen und in Stücke schneiden. Die Kiwis schälen und in Scheiben schneiden.

5 Den abgekühlten Sirup durch ein Sieb in eine Schüssel füllen. Zitronenschale zurücklegen, Minze wegwerfen. Äpfel, Trauben, Kiwi und Melone vorsichtig unter den Sirup heben.

6 Mit frischen Minzezweigen und einigen zurückgelegten Zitronenschalen garniert servieren.

Schritt *1*

Schritt *3*

Schritt *5*

Ostertorte

Die Verzierung aus kandierten Blüten macht diesen saftigen Möhrenkuchen zur Festtagstorte – die richtige Wahl für das Osterfest.

FÜR 8-10 PERSONEN

ZUTATEN

150 ml Maisöl
175 g sehr feiner Zucker
4 EL Naturjoghurt
3 Eier, 1 extra Eigelb
1 TL Vanilleextrakt
125 g Walnüsse, gehackt
175 g Möhren, gerieben
1 Banane, zerdrückt
175 g Mehl
90 g feine Haferflocken
1 TL Natron
1 TL Backpulver
1 TL gemahlener Zimt
½ TL Salz

BELAG

150 g Frischkäse, Magerstufe
4 EL Naturjoghurt
90 g Puderzucker
1 TL abgeriebene Zitronenschale
2 TL Zitronensaft

VERZIERUNG

Primel- und Veilchenblüten
1 Eiweiß, leicht geschlagen
45 g sehr feiner Zucker

1 Eine Kuchenform (23 cm) mit Öl bestreichen, am Rand mit Backpapier auslegen. Öl, Zucker, Joghurt, Eier, Eigelb und Vanilleextrakt schaumig rühren. Gehackte Walnüsse, geriebene Möhren und Banane unterziehen.

2 Die übrigen Zutaten sieben. Nach und nach in die Mischung einarbeiten.

3 Den Teig in die Kuchenform füllen und glattstreichen. Im vorgeheizten Backofen bei 160°C/Gasstufe 4 für 1½ Stunden backen, bis an einem Holzspießchen, das in die Teigmitte gestochen wird, kein Teig mehr haften bleibt. In der Form 15 Minuten abkühlen lassen, dann auf ein Kuchengitter stürzen.

4 Für den Belag Frischkäse mit dem Joghurt verrühren. Den Puderzucker durch ein Sieb einrieseln lassen, Zitronenschale und -saft unterrühren. Den Kuchen rundum mit dem Belag bestreichen.

5 Für die Verzierung die Blüten kurz in das leicht geschlagene Eiweiß tauchen und ringsum mit sehr feinem Zucker bestreuen. In großen Abständen auf ein Backpapier legen. An einem warmen, trockenen Platz mehrere Stunden trocknen und aushärten lassen. Die Blüten dekorativ auf dem Kuchen verteilen.

Schritt *3*

Schritt *4*

Schritt *5*

Zimtbirnen mit Ahorn-Ricotta-Creme

Diese würzig-süßen Birnen werden mit einer Creme serviert, die auf der Zunge zergeht und dabei relativ fettarm ist.

FÜR 4 PERSONEN

ZUTATEN

1 Zitrone
4 feste, reife Birnen
300 ml trockener Apfelwein (Cidre) oder ungesüßter Apfelsaft
1 Zimtstange, in die Hälfte gebrochen
Minzeblätter zum Garnieren

AHORN-RICOTTA-CREME

125 g Ricotta
125 g Magerquark
½ TL gemahlener Zimt
½ TL abgeriebene Zitronenschale
1 EL Ahornsirup
Zitronenschale zum Garnieren

1 Mit einem Kartoffelschäler die Zitrone schälen und in eine beschichtete Pfanne geben. Den ausgepreßten Zitronensaft in eine flache Schüssel gießen.

2 Die Birnen schälen, halbieren und entkernen. Im Zitronensaft schwenken, damit sie nicht braun werden. In die Bratpfanne umfüllen und mit dem restlichen Zitronensaft übergießen.

3 Apfelwein oder Apfelsaft und Zimtstange dazugeben. Zum Kochen bringen, Hitze reduzieren und 10 Minuten köcheln lassen. Die Birnen mit einem Schaumlöffel aus dem Saft nehmen, in eine feuerfeste Form legen, mit Folie bedecken und bei schwacher Hitze im Backofen warm halten.

4 Den Saft nochmals aufkochen und etwa 8–10 Minuten köcheln lassen, bis die Flüssigkeit zur Hälfte verdampft ist. Den restlichen Saft über die Birnen löffeln.

5 Für die Ahorn-Ricotta-Creme alle Zutaten gut mischen. Mit Zitronenschale garnieren und zu den Birnen servieren.

Schritt *2*

Schritt *3*

Schritt *5*

REGISTER